「あなたは信じますか？」

心霊番組プロデューサーが見てきた
本物の霊現象

小林信正

青林堂

はじめに

今や科学の発達により、人間は地球から宇宙へ飛び出そうと計画しています。宇宙開発の狙いは宇宙ビジネスとか、軍拡競争のほかに、いつしかこの地球に人類が住めなくなって、他の星に移住せざるを得ない時代が来るという、ノアの箱舟のような話も満更うそでもないようです。

人間の愚かな行為は地球環境を悪化させ、異常気象により自然災害は猛威を振るい、洪水や干ばつ、猛烈な台風、巨大地震に怯《おび》え、人々は飢餓《きが》に泣き、感染症は世界を席巻し死者も増加し、各国が対処に苦慮しています。資本主義は貧富の格差に行き詰まり、共産主義は専横独裁で人民を抑圧。今や世界を二分するイデオロギー対立の危機に直面して、さらには性懲《しょうこ》りもなく戦争という蛮行を繰り返し、非人道的殺人行為は収まる気配さえありません。

何故に人はこれほど愚かな生き物なのでしょうか。自らの手で己の首を絞めるが如き行為は、いずれ天から罰が下されるように私は感じます。

いまロシアのウクライナ侵攻による空襲警報のサイレンをテレビで見聞きする度に、

戦前、都心で生まれた私は国民学校の小学生の頃に東京大空襲で家が焼かれ、爆撃に逃げ惑い、死の恐怖に怯えた記憶が蘇ってきます。

昭和34年、皇太子（現天皇）ご成婚からテレビ時代が幕開けし、TV局に就職した私はワイドショーの草分け的番組を担当して、毎日取材に飛びまわっていました。

当時印象に残ったニュースでは、東京オリンピック開催や人類初の宇宙遊泳などがあり、予知、予言する霊能力者とも出会って、理屈では考えられない不思議さに興味津々となり、私的趣味と高視聴率という実益を兼ねて、以来、国の内外を問わず超能力者330人余を取材して、「超常現象スペシャル」など、超能力の草分け的な番組を制作してきました。

定年後、制作会社にて番組の企画制作と公益財団法人日本心霊科学協会や日本サイ科学会にて、「心霊現象の研究」で実証実験等を行ってきました。

正直、私は臆病者のくせに「幽霊」を見てみたいという好奇心と未知なものへの謎解きから、都内はもとより近県の心霊ミステリースポットなどのほとんどへ取材に行きました。

だが、残念ながら私は未だに幽霊らしきものは一度も見たことがありません。ただ、得体の知れない霊を連れて帰ってきたことや不可思議な体験はありますが。

深夜のロケに出かけるので、近所の人たちから奇異の目で見られるからと、妻から奇変人だけはやめて欲しいと、よく叱られました。

だが、その妻も4年前にあの世へ旅立ちましたが、60年余も心霊研究に費やした私が今思うことは、「死は無ではない」そして「霊魂は存続している」との確信に至っています。


現代社会にはいかに悩める人々が多いか。人の心の弱みにつけ込んで、やれ先祖の因縁だ、悪霊だ、前世からのカルマなどと騙《だま》し、多額の金品を巻き上げる悪徳霊感商法やニセ祈祷師の犯行が相変わらず大きな社会問題になっています。責任を他に転嫁する前に、まず己の心の不徳に気づくことこそが大切です。それゆえにこそ心霊の正しい知見が求められているものと私は思います。

心霊世界を知ると、人間は肉体という衣をまとっていますが、その本質は「魂」にあることに気づきます。

「人は何のために生き、生かされているのか?」……それは「魂を磨くことなのです」

「魂を磨くとは?」……「人に優しく、無償の愛、すなわち人格を磨くことです」

魂の次元が低い人とは、自己中心的な自己愛であり、人のことなど無縁と考えている人です。

世間の一般の人たちは、財産、地位、名誉、権力などがある人は、偉い人と思いがちですが、それこそ死ねば、これらのモノはあの世へは持っていけません。

また現代人は理性心という道徳的、論理的思考を重んじますが、理性心ある人が必ずしも尊敬に値する者とも限りません。それよりも霊性心という博愛精神に満ちた心の人が望まれます。

世の中には、この世に生まれてからの実年齢ではなく、前世からの魂年齢といわれるものがあり、霊性心に満ちた人は生まれながらにして道理の本質がわかっている人であり、自他ともにない、今の言葉で言えば「ワンネス」というものです。この言葉は主にスピリチュアルな世界で使われていますが、もとは量子力学から生まれた概念で、「この世は宇宙意識と同一の、自他ともにない概念」をいいます。禅の世界で言う「自他一如」、すなわち相手の痛みは自分の痛み、相手の喜びは自分の喜び、相手の心と一つになれる、これこそが慈悲の心です。

いわば、魂年齢の高い人は自他ともにない高次元の「神」の存在に気づく人です。

我が国では古来、修験道や古神道の惟神《かんながら》の道の実践者たちは、難行苦行を行い、宇宙意識との一体感、神人合一の境地を求めて神通力（超能力）を開発するのみならず、悟りという境地を会得しようとしてきました。しかし、現代人はそのような山に籠るような難行苦行はできません。

アインシュタインは、「神」の存在について、「今日の科学が『神』の存在を証明できないのは、科学がそこまで発展していないからであり、『神』は存在しないのではなく、むしろ人は『神』の存在を感じる魂の高い人になるべきである」と語っています。

本書をお読みになって、「死は無ではない」ことを知り、「この世で大切な学びとは何か」、まずは、「魂の向上」に努められ、真人生を求められますよう、心から願ってやみません。

目　次

第1章

霊能力者と超能力者

①霊能力者とは

私はかつて、霊能力者と名乗るとある人物から、

「あなたは69歳で死ぬ」

と言われたことがあった。もっとも、当時はまだ若かったので、さほど気にせず軽く聞き流していた。ところが今やその年代となって、スポーツマンだった親友が69歳で急逝したこともあり、妙にあの時に言われたことが思い出された。

「自分もいよいよ今年かもしれない」

日頃は仕事が忙しく、死など考える暇さえなかったが、心の底では死への恐怖感が渦を巻いていた。

だが、その年も大過なく過ぎた。今はさらに歳を重ね幸か不幸か生きながらえている。結局あの霊能力者の言葉は当たらなかったわけで、やはり人の死期を軽々しく口にするべきではないという実感を持った。

霊能力者には法的規制がないので、能力の有無に関わらず誰でもその気になれば霊

能力者を自称できる。ただし信頼されるかどうかは別問題だ。

「あなたの先祖が成仏していない。このままだと子孫に災いが起きる」などと不安を煽《あお》り、高額な供養料や祈祷料を取って高い品物を売りつける、いわゆる悪徳霊感商法が今も後を絶たず社会問題になっている。

霊魂は目に見えない。ゆえに魂の所在を見極め、さまざまな心霊現象のメカニズムを科学で解明することは至難の業といえよう。しかし、心霊現象だとしか思えない不可思議な現象は、世界中で実際に起きている。

人はとかく霊魂に対して偏見を持ち、色眼鏡で見る傾向がある。しかし「霊魂など信じない」と嘯《うそぶ》きながら、一方で、葬式や死者の供養を行うのはなぜだろうか。霊魂について実際に調べもせずにその存在を無視するのは思考停止だ。

「人は死んだらどうなるのか」、「死後も個性は存続するのか」、そして「霊能力などは本当に存在するのだろうか」

これらの問いの答えを探し、私は「心霊現象の究明」のために「超常現象スペシャル」番組を多数制作し、ゴールデンで放送した。そして今、「霊魂は存在する」という確信を得た。

現代人は「死んだら無になる」と思っている人が多い。だが検証で「霊的真理」が世の人々に広く認識されたならば、多くの人々は「霊性心」に目覚め、自らの心の改革によって物質的価値観から、目には見えない精神的価値観へと転換される。今生の使命とは何かを考え、「魂の向上」、すなわち、「次元上昇」を図ろうとすることだろう。

②霊能力者との初めての出会い

1965年頃、私は知人の紹介で、東北のとある城下町の日蓮僧と出会っていた。いわゆる霊能力者として評判だった彼は当時30歳ほどで、物腰は柔らかいが、眼光に鋭さがあった。話によればかつては荒行のため都内の寺にいたが、縁あってその東北の地に来て寺の雑事をしているのだという。

ある日、彼から、

「あなたの家か会社か、関係する所に泥棒か強盗が入るような気がする」

と驚くような電話があった。まさかとは思いつつも気になった私は、会社の帰りに木刀を買って自宅のベッド脇に立てかけ、もし万が一に泥棒がやって来た日にはこれで撃退してやると意気込んでいた。

それから1週間ほどたったある朝、都心に住んでいた父から興奮気味の電話が入った。

「夕べ、うちのビルに強盗が入った。いま愛宕《あたご》警察署の刑事が何人も来ている。階下の事務所の机の引き出しやロッカーを荒らされて現金を盗まれた。上階まで来なかったのが幸いだった」

ビルと言っても小さな貸しビルで、年老いた父母は上階に寝ていた。後にこの犯人らは怪盗23号として捜査、逮捕されたと聞く。私の身に起きたことではないが、この事件は確かに私に関係する所であり、予知、予言からわずか1週間ほどであったことから偶然とはいいがたい。強烈な事件の予知により好奇心はつのり、私は霊能力というものに強く魅せられてしまった。

霊能力への興味を掻《か》き立てられた経験はこれだけではない。当時、朝のモーニングショーという番組の担当ディレクターだった私は、霊能力者の力を試すというコンセプトの下、「黙って座ればどこまでわかるか？」というテレビ初の霊能力番組を制作した。目の前の人物を霊能力者に霊視してもらい、その人物のプロフィールをどの程度言い当てられるのかを測る、というものだ。能力をテストするというコンセプトの都合上、霊能力者との出演交渉は難航したが、最終的に5名の勇気ある出演者がスタジオに来場してくれた。

収録が始まり、彼らの面前に一人の女性が登場する。

「さあ、この女性の過去を霊視してください。黙って座っているだけの彼女のことが、どこまでわかるのでしょうか?」

司会者がそう促すと、霊能力者たちは次々と面前の女性を霊視してこう述べる。

「あなたの周囲に兵隊さんが多く見える」

「海があり、後ろに英霊が沢山見える」

「太平洋戦争の激戦地と関係がある」

その時の司会者の驚いた表情は今も記憶に残っている。

実はこの女性は太平洋戦争の激戦地、硫黄島の最後の生き残りの従軍看護婦であった。激戦の中、彼女に「あなたは生き証人として残れ」と命じた守備隊長は眼前で自爆した。彼女自身も「全員死んで私だけ生き残ることには耐えられない」と手榴弾で自決を試みたが、気がつけば米軍の野戦病院のベッドに寝かされていたのだという。彼女はそんな数奇な運命の体験者だった。

霊視ではその島名までは言い当てることができなかったものの、霊能力者たちには確かに激戦地で亡くなった英霊の姿が見えていたようだ。それを目の当たりにして「霊能力は存在する」と確信を得た私の好奇心は益々高まった。

③古神道の行者との出会い

1972年頃、私は酷寒の氷柱《つらら》下がる霊山で滝行に身を晒す修行者の姿を垣間見たことがあった。あの凄まじい修行で感得したという摂理は、他に類を見ないものであった。行者の名は清水一誠。彼は古神道の流れを汲《く》む家系に生まれ、幼少の頃から日本各地の修行場で修行して仙道修行者となった。自他ともに厳しく一切の妥協を許さず、人を見抜く心眼は他の追従を許さない、そんな人物だった。

私の娘の進路についてアドバイスを頂いたことが、彼とお付き合いするようになったきっかけだった。そんな風に彼は日頃からさまざまな人からの人生相談を請け負っていたのだが、この人生相談にまつわる逸話は枚挙にいとまがない。乗るはずだった飛行機を、彼の指示にしたがってキャンセルすると、まさにその飛行機が墜落事故を起こしたなどという話もある。私自身もまた、清水師から車の運転にくれぐれも注意せよと言われた直後に、小学生の自転車が私の車に飛び込んできたという体験がある。急ブレーキをかけて車から降りてみれば、車の前輪は転んだ少年の頭の数十センチ直前で止まっていた。幸い少年は無傷で事なきを得たが、もし清水師の助言がなかったらと思うと肝が冷える。

清水師は貧しい人からはお金を貰《もら》わないこともあった。霊能力者といえども霞を食べているわけではないが、困っている人からはお金は頂けないという。お金を握りっぱなしの人は、それだけしか運を掴めない、握った手を放して人に還元すれば、その手でもっと大きな運が掴める、というのが彼の教えだ。金銭に拘泥しないその人柄は、人生相談の中で彼がよく口にする「我を張るな」という言葉からもうかがえる。鏡という字の「かがみ」から「が＝我」を取れば、「かみ＝神」に近づく。我の強い人間はそれだけ神から遠ざかることになり、人生の運気を悪くしてしまうのだという。

清水師からは他にも数えきれないほどのご指導を頂いた。中でもその死生観と先祖に対する畏敬の念の深さは印象深い。彼によれば、人は「生きている」のではなく、先祖からの脈々たる血の流れを受け継ぎ、霊界からの定めによって「生かされている」のだという。それを認識し、霊界へ応えることが肝要であるから、当然先祖たちを仏壇で供養することも大事なことである。供養することで祖霊（先祖の霊魂）はいわゆる守護霊となり、子孫を加護し霊導してくれるのだ。

④透視能力者の力

透視対決（ブルガリアの超能力者VS大学教授）

世界的な透視能力者をブルガリアから東京に招き、テレビスタジオにて科学者との「対決」を企画したことがある。超能力を否定する早稲田大学理工学部の大槻義彦教授が自ら用意した「あるモノ」を提示し、それが何であるかを能力者に透視で当てさせるというものだ。対して透視を行うのは旧ソ連の科学アカデミーで最初に認定された超能力者でヒーラーでもあるベラ・コチェフスカだ。世界的にも名の知れた彼女の診療所には、病気を抱えた多くの患者たちがヒーリングを受けに訪れていた。放送の前日に大槻教授は記者会見を行い、懐から辞表を取り出して「もし本当に透視できたなら潔く教授を辞任します」と断言してみせた。

いよいよスタジオでの透視対決が始まった。教授は鞄《かばん》からいまだ誰にも見せたことがない謎の物質を取り出してみせた。するとベラはその謎の物質を凝視して、おもむろに言った。

「これは複雑です。飛行機に使われる新素材です。そう……これはカーボンで、飛行機の新素材に使われるものだ」

「まあ、当たっているといえば、当たっている」

教授はそう言うと矢継ぎ早に2つめの物質を取り出してベラに尋ねた。

「では、こちらの謎の物質は？」

「分子のような、細胞のような構造をしたものです」

ベラの答えを聞いた教授は、

「ある意味では近いが、すぐに分子構造が描けなければ……辞表は出せない」

と言葉を濁した。結局、対決は引き分けというやや不条理な形で決着となったのだった。

後日、東京電機大学の町好雄教授の実験室にて、大槻教授も同席して、ベラの手から放出されるエネルギーを計器で測定することになった。ベラが手をかざした途端に壊れて測定不能となった機器を見て、大槻教授は「これは只者ではない」と腕組みをして呟いた。

余談だが、ベラの来日を知ったヤクルトの野村克也監督から、ベラにぜひ会いたいとの所望があった。そのときはまさにヤクルトが優勝できるかどうかの瀬戸際で、ベラの超能力に期待するものがあったようだ。そこでベラは開口一番「あなたは赤いパンツを穿《は》きなさい」と言ったとか。データ野球で知られる野村監督も超能力を信じていたのか、そのアドバイスを固く守ったと聞く。赤いパンツと優勝にどういうつながりがあったのかは定かではないが、結果ヤクルトは念願の優勝を果たしたのだった。

富士山の西湖にて（透視と霊視）

このブルガリアの「透視能力者」ベラ・コチェフスカと、日本のある「霊能力者」による、「透視と霊視」能力の違いについての実験、検証を試みたこともあった。その舞台となった場所は富士山の裾野を取り巻く「富士五湖」の一つ「西湖」の近辺だ。

今や何の爪痕も感じられない静かな丘陵地であるこの地は、１９６６年9月、大雨により大規模な土石流が発生し、40数戸の家屋と人命が犠牲となった場所だった。両能力者にはその事故については一切語らず、この場所に立って周囲を見渡してもらい、そこから得られる情報にどのような違いがあるのかを確かめたのだ。

まずブルガリアの透視者ベラは、山が崩落する以前の状況が視えると言って、山の中腹に家が数軒建っていた前の状況と崩落事故後の有様を語りだした。一方、離れた山の下方にいた日本の霊視者は、山の土石流で下方まで家や人が流されて、完全に埋まってしまった状態を視ていた。この足元の土中には今もその亡くなった人たちが多数埋まっており、助けを求めているのだという。

この検証の結果わかったのは、「透視」も「霊視」もどちらも過去の有様を生々しく捉えるものではあるが、その焦点となるものは異なるということだ。「透視」では山の崩落以前の状態と凄まじい崩落の様子が視え、「霊視」では死んだ人たちの無念の霊魂が今も助けを訴えている様子が視えたのだった。

一般的にいえば、「透視」はＥＳＰ能力により「第３の眼」から生じる視界や意識の拡大によって、隠れたものや肉眼で見えないものを視ることを指す。一方で「霊視」は、霊的な視覚能力を持った人が、供養を求めている死者の念を感じ取るというものだ。しかし現在の科学では「透視と霊視」のメカニズムの違いを合理的に説明することは難しい。

⑤透視能力者による犯罪捜査

イギリスの透視能力者として知られるネラ・ジョーンズは、犯罪捜査の分野でも実籍がある。彼女が得意とするのは、モノに秘められた人の思念を読み取る能力だ。その力を使って犯人逮捕の手がかりとなる情報を集め、ロンドン警察の犯罪捜査に協力してきた。ネラが物品を手に取ると、脳内にその所有者の人物像や来歴が浮かび上がり、人物に関わる情報が読み取れる。これを「サイコメトリー」という。いわば物体に残された記憶を読み取る能力だが、欧米では犯罪捜査においても遺留品から犯人の特徴を言い当てるといった形で活用されている。

例えば、ヨークシャーの切り裂き魔事件では13人もの犠牲者が出たが、科学捜査を主眼とする警察の捜査では、長期的かつ多額の費用を費やした捜査にもかかわらず犯人捜しは難航し行き詰まっていた。そこで、警察のメンツを捨ててネラを含む数人の能力者に協力を求めたのだった。後日明かされた情報によれば、ネラは透視によって犯人像を掴み有力な手がかりを得ていただけでなく、次の犯行の予言まで指摘していたという。しかし当時の警察は自分たちのメンツのためか、あるいは単純に透視を信じきれなかったのか、結局さらなる殺人事件を未然に防ぐことはできなかった。とはいえそれ以来、透視能力者の協力で迅速な犯人逮捕がなされた例は少なくない。50件以上の難事件を解決に導いたネラ・ジョーンズの自宅には、ロンドン警察から彼女に贈られた沢山の感謝状が飾られている。

日本の警察ではこうした透視能力者などへの協力依頼は行われていないが、証拠の少ない未解決事件などに関して、彼らの力を頼ってみてもよいのではないだろうか。

⑥霊感実験！「霊感者100人と霊能力者10人のスタジオ・テスト」

霊を敏感に感じるという霊感者100人と、職能霊能力者10人による霊感実験を行ったことがある。100人の霊感者というのは、言ってしまえば霊感があると自称する素人たちだが、彼らをひな壇に集め、その前に空の箱2つと市松人形を入れた箱

1つを並べる。そして「この中で空っぽではない箱はどれか」と尋ねる。正解者には「その箱には何が入っているか」「それはどういう人形か」といった具合に質問を重ねていく。最終的に素人の正解率は13%、霊能力者の正解率は80%だった。

しかしこの企画はそれだけでは終わらなかった。実験に使った市松人形の持ち主が登場し、その因縁を語っている最中、数人の霊感者が絶叫し憑依《ひょうい》現象が生じたのだ。さらに霊媒体質の霊能力者も強い反応を示し、スタジオの扉を封印せよと叫び出す。霊感者の中からは倒れる者も続出し、スタジオは大騒ぎとなった。

立会人の医学教授によれば、こうした「憑依現象」を「神憑《がか》り現象」ともいうが、このようなトランス状態は、霊感によるものと人格変異による演技に分けられるという。

＊要注意!～怪しい霊感商法を見抜け!～

新興宗教団体やインチキ祈祷師などが言葉巧みに人々を騙し、多額の金品を貢がせる悪徳霊感商法が昨今問題になっている。家族の病気や子どもの非行、家庭不和といったいわゆる人の不幸につけ込まれた被害者は、巧みなマインドコントロールにより、周囲が説得してもなお騙されているという自覚すら持てないことも多い。先祖の因縁や前世のカルマ、悪霊や因縁を払うためだなどと言って、高額な祈祷料や壺や印鑑や品物を売りつけるこの悪質な手法に騙されないためには、「心霊」に対する正しい知識を持つことも重要だ。

○悪徳霊能力者の見分け方

- 神霊・仏霊の道具であるはずの教祖が、まるで神そのものであるかのように振る舞っていないか。
- 執拗《しつよう》に金品を要求してきてはいないか。
- 冠や派手な衣装で装っていないか。
- 悪霊・呪い・短命などの恐怖心を煽る言動はないか。
- 品位、知識、質素な生活をしていて人柄に信頼が感じられるか。
- 誠実、謙虚、博愛、奉仕の心があるか。
- 生活が派手で高価な指輪や調度品で飾り立てていないか。

○心霊鑑定を受ける際の注意点

- 壺や宝石、教典などでは因縁や邪霊などは払えない。
- 先祖の因縁と言われたら、何代前のなんという人物かを聞いて調べてみる。
- 優れた能力者なら悪霊の憑依は、その場で除霊・浄霊ができる。
- 前世のカルマは、他力本願では解消できない。
- 悪霊の除霊や浄霊が成功したならば、心身の変化、効果が感じられるはず。
- 土地家屋の因縁解消は、かなりの修行者や能力者でなければ簡単には解消できない。
- 憑依したと自覚しても、ほとんどは魂の萎縮（自分の思い込み）に過ぎない。
- 悪いことが起きるのはほとんど自己の所業が蒔いた種の結果だと心得るべし。

第2章

死んだら人はどうなるのか?

①魂の緒（シルバーコード）

死んだら人はどうなるのか。これまでにも多くの人間が考えてきた、永遠に議論の尽きることのないテーマである。

私の母は都内の病院に入院していた。いよいよ臨終の際に、私と娘と妻と家政婦が立ち会っていた。その女性は院内で亡くなった人の霊がそこをうろついているのが見えるというほどに霊感の強い人物だった。

母が亡くなる直前、娘が指をさして、

「ああ、おばあちゃんの寝てる頭から煙が出ている」

と叫んだ。

それは魂の緒《お》だとか、英語ではシルバーコードとよばれるものだったのだろう。霊感のない者には見ることができない、肉体と魂をつなぐ紐のことだ。その緒がつながったまま、抜け出た魂が再び肉体に戻る場合には「臨死体験」となるが、それが切れれば死んでしまう。今生の肉体という衣を脱いで「霊魂」となり死後の世界へと赴くのだ。その場では娘と家政婦だけが「それ」を見ていた。医者が駆けつけたが、霧状のモノが天上に昇っていくと叫ぶ娘の声につられて、「どこ？　どこ？」と行方を追っていく。我にかえった医者は脈を測り、瞳孔をみて、「ご愁傷さまです」と一言。二人は空中を見つめ、「ここに見える」とつぶやいていた。そこにまだ魂があったのだろうか、私たちはあっけにとられて母が亡くなった悲しみをしばし忘れてしまっていた。

実は海外では体から魂が抜けていくこの瞬間の図というのは珍しくない。私も以前から臨終のときに現れるこの「魂の緒」を写真に収めてみたかったのだが、当然相手の了解もなしにできることではない。タイではお金を包めば撮らせてもらえるという話を聞いて実際に行ったこともあるが、やはりなかなかタイミングが難しい。ならば身内の今際《いまわ》に撮ろうなどと考えていたのだが、結局母の時にはそんなことも忘れてしまっていた。

普段、人は「死」についてあえて考えようとはしない。死に対する恐怖からか、あるいは死を忌み嫌うからか。しかし人間は誰もが必ずこの世と別れなければならない。絶対に死は避けることができないのだ。特に身近な人の死に立ち会ったことがない子どもにとって「死」は、はるか遠い先の未来の話のように思えることだろう。むしろテレビゲームのように何の苦痛もなく簡単に死ねるようなイメージを抱きがちで、現代では死に対する現実感がマヒして命の尊厳を軽視する傾向にあるともいわれている。

だからこそ、子どものころから身近で自分を愛してくれた人が、現実に死んでいく姿を見ることは大切な経験だと思う。人生とは限りあるものであり、限りある人生だからこそ、どう生きるべきかを真剣に考えなければならない。あくせくと働くことを繰り返す日々にどんな意味があるのか、果たして人生の目的とは何なのか。肉親の死はそういったことをあらためて考えさせる契機にもなるだろう。

②丹波哲郎が贈る言葉

以前、聖心女子大学の教授で、シスターの鈴木秀子《すずきひでこ》氏は、校内の階段を踏みはずして、臨死体験をしたことがあるという。それ以来、ヒーリング能力を身につけ、人生観も変わったといわれる。彼女は現在ホスピスで余命いくばくもないおじいちゃん、おばあちゃんを相手に、彼らの苦痛を少しでも和らげるためのケアを行っているという。誰しもが死後の世界は苦しいのではないかという恐怖や不安を抱えている。そう

いう不安が強いと幽界にとどまり、霊界に行けないのだ。だからこそ、彼女は最期を迎える彼らに、

「あの世は本当にいい所ですよ。あなた方はただ単に引っ越すだけだから、魂は残るんだから」

と伝え、安心して旅立つ心がまえを話されて、亡くなる間際の気持ちというのが大切だとか。

これと似たようなことは、俳優の丹波哲郎《たんばてつろう》氏も言っていた。

俳優として確固たる地位を築いた丹波哲郎氏は、その一方で「霊界の宣伝マン」を自任し、心霊学と霊界研究においても造詣が深かった。ついには映画『丹波哲郎の大霊界』を製作するほどの熱の入れようだった。

ある時丹波氏の側近の男性がガンを患い、医師から余命3か月と宣告された。日ごろから彼は「死後の世界はあるぞ」と丹波氏から聞かされていたが、本心では半信半疑であった。そんな彼も、いざガンの宣告を受けて自身の死が目前に迫ると、死への恐怖と生への渇望で気が動転するばかりの有様だった。

そうした矢先、病棟を見舞った丹波氏が彼に一冊の本を贈った。それは丹波氏自身

がバイブルとしていた『シルバー・バーチの霊訓』という本だった。

病床の彼は藁《わら》にもすがる思いで贈られた本を一気に読んだという。そこに書かれていたのは「死とは肉体を捨て去り、個性も意識も変わらず、霊体となって霊界で生活するようになることだ。死は終わりではないのだ」という死生観だった。それを読んで恐怖や不安から解放された彼は、同じ病棟の人たちにもその本の回し読みを勧めた。すると周りの人たちも死への恐怖が薄れ、病棟には明るさが戻ったのだった。

丹波氏が死後の世界や霊的なものに興味を持ったきっかけは、おそらく自身の戦争体験だったのだろう。高射砲の係だった彼は無事終戦を迎えたが、それ以降「死んだらどうなるのか」について深く考えるようになったようだ。彼の地下室には大量の本がずらっと並んでおり、忙しい役者業の傍らで霊の研究に励んでいた。彼と親しかった私とは、よくそうした話で盛り上がったものだ。

ただ、死後の世界に興味を持つ丹波氏に対し、私はどちらかというと死ぬ前の、この世界への興味のほうが強かった。だから彼は私に、

「あんたは死ぬ前の、生きている時の研究をして、自分は死んだ後どうなるかっていうのを研究しよう。あんたは死ぬ前のスポークスマン、自分は死んだ後のスポーク

スマンだ」

というようなことを言っていた。

話を戻せば、結局、誰しもが死と、それによって引き起こされるこの世との別れを恐れているのだ。余命３か月と宣告された彼も、家族を残していくことをとにかく心残りにしていた。家族も、地位も名誉も財産も、すべてをこの世に置いていかなければならない旅立ち。だからこそ、せめて思いは残すことなく、あの世に引っ越さなければならないのだ。

③実験！自殺した少年

死後の世界への興味を抑えきれず、ついには自らそれを確かめに行ってしまった少年がいる。

学校の成績も非常に優秀なその少年は探求心も旺盛で、中学２年の時に中学生新聞の特集記事「死後の世界」を読んで強く興味を抱いたのだという。霊界交信の実験装置を作って失敗したので、今度は自ら死を試し、死後の世界の存在を確かめようとしたのだった。少年は千葉県の鋸山《のこぎりやま》の山頂、通称「地獄のぞき」とよばれる断崖絶壁からダイビングを図り本当に自殺を決行してしまった。少年は死後の世界の証明を行うため、事前に新聞社あてに手紙を投函していた。

手紙によれば、少年は生きている間に2つのものを隠したらしい。その隠し場所を、霊媒を通じてあの世から誰かに伝え、それを探し出してもらう。無事それらを見つけることができれば、それが死後の世界の存在の証明になると少年は考えたのだった。さらには、死んで霊魂となった後、また肉体に戻れれば生き返ることができるだろうとも考えていたらしい。

手紙を受け取った新聞社は少年の遺志を汲み、霊媒師に依頼して亡くなった少年との交霊を試みた。霊媒師は少年の自宅の仏壇の前に座り、少年の霊を呼び出してこう尋ねた。

「君は学校の本とカセットテープを隠したと言うが、一体どこに隠したのかな?」

するとその少年らしき霊が霊媒師に乗り移り答えた。

「自宅の押し入れの上。でももう出てこなくてもいいや」

そこからは記者と霊媒師に乗り移った少年霊との対話が続く。

「死んだことを後悔してないのかい？」

「自分でここに来たのだから仕方がないや。でももう駄目だ、生き返れないもん」

「今、君はどんな所にいるの？」

最後の記者の質問に対し、霊媒師の口からは憂鬱《ゆううつ》そうな声で、

「何も見えない。雲の上をふわふわ歩いてるみたい。こんなんだったら、来ない方が良かったのかなぁ」

結局、確かに押し入れの上に本とカセットテープはあった。ただ、それは誰の家にもあるようなもので、本当に少年の霊が降りてきて伝えたものなのかどうかははっきりとしなかった。

自殺はよくないこと、これは世界共通の認識だ。自殺すると地獄に落ちるだとか成仏できないだとかは、自殺を戒めるための方便に過ぎないかもしれない。ただ、自ら命を絶ってしまった人は、自らの行為を悔やむことになり、現世への未練を断ち切れなくなるだろう。どんな理由があるにせよ、自殺は決してすべきではないのだ。

④いじめと自殺

遺書！　いじめにより自殺した少年

死後の世界への好奇心から命を絶ってしまった少年がいる一方で、いじめによって追い詰められた結果、自ら死を選んでしまった少年もいる。

「家の人へ　そして友達へ　突然姿を消して申し訳ありません。俺だってまだ死にたくはない。だけどこのままじゃ生きジゴクになっちゃうよ。ただ俺が死んだからって他のヤツが犠牲になっちゃうんじゃ、意味ないじゃないか。だから、もう君たちもばかなことをするのはやめてくれ、最後のお願いだ」

これは自殺したある少年の遺書だ。滋賀県の中学2年生の男子生徒が、いじめを苦にして自宅マンションから飛び降り自殺したのだ。いじめは日常的に行われ、「葬式ごっこ」といういじめにはなんと教師も加わっていたという。少年は「生きジゴク」と表現するほどまでに苦痛の日々を送っていた。しかし彼は死を目前にして「自分が死んだからといって、他の人を犠牲にするのはやめて欲しい」と他の生徒を気遣っている。この一文からはその思いやりのある人柄がうかがえるようだ。

本来生徒を指導する立場にある担任教師までもがいじめに加担していたというこの事件は、その陰湿さや学校と教育委員会の隠蔽《いんぺい》体質が問題視された。その後、遅まきながら学校側がアンケート調査を実施したところ、さまざまないじめの実態が浮かび上がった。トイレで殴る集団リンチ、口を粘着テープで塞ぎ羽交い絞めにしてからの暴行から、全裸の強要、親の口座から現金を下ろさせるなど、これらの常軌を逸した行為は最早「いじめ」などという言葉では済まされないものであり、「恐喝、傷害、強盗」と言っても過言ではない。

一般的にいじめとは、弱い者に対して集団で精神的嫌がらせや肉体的苦痛を与えることである。いじめられた人は、悲しみや苦しみを超えて、恐怖心から精神疾患や自殺にまで至るケースもある。憎しみ、怒り、絶望といった負の感情を抱いたまま死後の世界に至れば、その思念はいつまでも永く留まることになり、救われることはないだろう。

いじめから惨殺事件に

川崎市の中学１年生が、全裸で多摩川で泳がされ、凶刃で首を切りつけられて惨殺された事件があった。遺体発見から1週間後に18歳から17歳の少年ら3人が逮捕された。加害少年らは札付きの不良グループであったが、被害者の少年はなぜこのような残虐な行為に遭わされなければならなかったのか。近年、少年たちが生命を粗末にする背景には何があるのか。

私自身、かつて疎開先で何度もいじめに遭ったことがある。家庭の事情で6回も小学校を転校してきた私は、やはり転校生は好奇の目で見られるのか、あるいは単純によそ者が嫌いなのか、毎回その土地の悪ガキたちにちょっかいを出されてきた。ただ、それによって取っ組み合いの喧嘩になっても、これ以上続けるとまずいという気持ちが働くのか、周りを取り囲んでいた連中が必ず仲裁に入り途中でそれを止めさせるのだ。結局私の子どもの頃は喧嘩においても皆、加減というものを知っていたから、相手を自殺に追い込んだり、死に至らしめたりするような残酷なことはしなかった。

いじめ加害者となってしまう子どもたちの背景には、第一には家庭での躾《しつけ》不足というものがあるように思う。つまり小さいころからの躾《しつけ》が必要なのだ。例えば、猿回しの猿も幼い時にしっかり芸を仕込む。サーカスのゾウも、子ゾウの頃には太い鎖で足を縛って芸を仕込む。そうすると大人になるころには細い紐さえ必要なくなり、人の言うことを聞くようになるそうだ。人間もこれと同じで幼いころから親が正しい躾を行い、善悪をきっちりと教えるならば、まず問題児になることはないはずだ。

しかし共働きなど家族の在り方が多様化した現代社会においては、子どもとの接触時間が単純に少なくなりがちだ。子どもの面倒を見る時間が十分に取れない家庭では、子どもに規則正しい生活習慣を望むことも必然的に難しくなり、子どもが深夜に帰宅しても誰にも文句を言われない、ということもあるだろう。子どもの服装の乱れや、目つきの変化、髪染めや化粧といったさまざまなサインも見落としがちになり、そうして放任された子どもはさらに怠惰の方向へと進んでしまう。

もちろんいじめの背景には、家庭だけでなく学校や教育現場の問題もある。いじめ対策には早期発見、早期対策が不可欠だが、昨今では担任教師や教育関係者たちの無理解や事なかれ主義が露呈し問題視されている。今教育にもっとも求められていることは、勉強以前の問題として人間形成のために何が必要なのか、家庭や教育現場が一丸となって考えていく必要がある。

子どもたちを取り巻く環境の根本的な変化がなされない限り、こうした凄惨な事件は繰り返される恐れがある。川崎市の少年の事件は自殺でこそなかったが、深い苦しみを抱えて亡くなった彼の魂は、今でも「助けてくれ」と叫んでいるに違いない。

⑤自殺の名所（華厳の滝と青木ヶ原）探索

全国各地には自殺の名所とされている場所がある。中でも定番なのは富士山の北西部、「富士の樹海」ともよばれる青木ヶ原だろうか。私は以前、霊能力者を連れてここを探索したことがある。日本だけでなくニューヨークからも霊能力者を招き探索を行った結果、3人の遺体を発見するに至った。その内はっきりと身元の確認が取れた方の地元へ赴き、その方の親御さんに事情を話して青木ヶ原に来てもらったのだった。あれが少しでも功徳となっていればいいのだが。

また8月の終わりから9月の始め頃の青木ヶ原において、その最終バスで降りる人々の中にはやはり自殺を考えている人が多いものだ。私たちはそこにカメラを持って行って、今にも樹海の中へと足を踏み入れようとする人々に説得を行った。

「残酷だけど、もしあなたがここで自殺すれば、山に棲んでいる動物に食われて骨だけになってしまう。そう考えたら嫌でしょう？　死に場所をこういう所に求めちゃダメだよ」

彼らにも自殺を考えるだけのさまざまな理由があったのだろう。それでも、やはり自殺を選ぶというのはよほどのことだ。

日光の華厳の滝もまた、自殺の名所の一つである。時は明治36年4月、かつての第一高等学校の生徒だった藤村操がこの地で投身自殺を図った。エリート学生の哲学的厭世観によるこの自殺は、彼の残した遺書「巌頭之感《がんとうのかん》」とともに、当時大きな社会的な話題を呼んだ。当時一高で教鞭を執っていた夏目漱石は、藤村が自殺する数日前、予習をしてこなかった彼を叱責したことを気に病んだともいわれている。これ以降、華厳の滝は一躍自殺の名所となってしまった。

巌頭之感

悠々たる哉天壌、遼々たる哉古今、五尺の小軀を以て此大をはからむとす。ホレーショの哲學竟《つい》に何等のオーソリチィーを價《あたい》するものぞ。萬有の眞相は唯だ一言にして悉《つく》す、曰く、「不可解」。我この恨を懷いて煩悶、終《つい》に死を決するに至る。

既に巖頭に立つに及んで、胸中何等の不安あるなし。
始めて知る、大なる悲観は大なる樂観に一致するを。

水底に沈んだすべての遺体を引き上げることは難しく、費用もかかる。したがって戦後も投身自殺が絶えなかったこの地の滝壺には、いまだ遺体が残っているのではないか。そう考えた私は、省庁の許可を得て華厳の滝を一時止め、この滝壺に水中カメラマンを潜らせ、滝壺の底を水中撮影により探ってみた。これにはタレントの峰竜太や南こうせつらも参加したが、最終的には沈泥している土砂に埋もれた人骨などを見つけた。そしてまた、まるでこの滝壺の主であるかのような、体長50センチほどのマスが一匹生息していることもわかった。

華厳の滝を見上げる中禅寺湖では、元東京商船大学（現・東京海洋大学）の茂在《もざい》教授の協力で、水中探査機を使った調査を行ったこともある。湖の水中温度は4度ほどで、この湖で自殺すると、水温が低いので遺体は腐敗せずに水中で漂っているのだという。さらにこの中禅寺湖には、かつて男体山が崩落した際に中腹にあった社殿、宝物殿が流れ落ち、その財宝がいまだ沈んだままになっているという噂もあった。私はその痕跡を調査したいと文化庁に申し出たが、テレビの取材の許可は得られずこれは断念せざるを得なかった。

　後日、私は霊能力者である渡辺薫龍師と霊感のある主婦を伴って、中禅寺湖と華厳の滝で自殺した人の霊魂の訴えを霊視によって聞き、供養するために再度現地に出かけた。湖畔では、ここで自殺したとみられる女性の遺留品と家族あての遺書を見つけ、後にそれは警察へと届けた。霊視によれば、自殺した人の霊魂は、いつまでも思いを留めて浮遊霊、あるいは地縛霊としてその地をさ迷っているという。彼らのその哀れな姿を見つめる渡辺師は、たとえどんな苦しい事情があろうとも、自殺だけは絶対にするものではないと断言する。この地に限らず自殺の名所とされる地では、国や県が供養祭か地鎮祭を行うことができれば、それが一番望ましい。

＊心理学テスト（ベルリン大学院）

あなたの目の前に、今にも橋の欄干から飛び降りて自殺しようとしている人がいる。さて、あなたならその人に何と声をかけるだろうか。

①「命は尊く大切なものだ。命を粗末にしてはいけない」と説教する。
②「そうか、辛かったんだね」と相手の話を真剣に聞いてあげる。
③「死ぬ覚悟があれば何でもできる。生きていればいいこともある」と説く。

実はこれは、ベルリン大学の大学院の心理学科のテストだ。こうした状況において、自殺を思いとどまらせるためにもっとも効果的な選択肢はどれか、心理学的には正解がある。

自殺したいと真剣に思っている人の心は、「死んでしまいたい」という気持ちと「助けてほしい、苦しみから救ってほしい」という気持ちの間で激しく揺れ動いている。

カウンセリングの技法では、①のようにこちらから相手に説教を行うのは逆効果だ。また③のような励ましは、死にたいと強く願っている人に対しては馬の耳に念仏である。つまり、②のように死にたいと思うほどの苦しみ、辛さ、悲しみ、悔しさ、恨み、怒りの気持ちに耳を傾け、心のわだかまりを吐き出させることが何よりも先決なのだ。「辛いね、悲しいね」と共感し、「もっと聞きたい、話してくれ」だとか、「いつでも電話してね、あなたは一人ではないのだから」といったように声をかけてあげることが重要だ。自分の心の痛みに共感し、それを理解してもらえたと感じた時、人は生きる意欲が湧くのである。

＊自殺の戒め

「人は死んだら無になる。肉体は土に還りそれで終わりだ」と思っている方も多いだろう。しかし心霊の研究では、身体には命や精神の原動力である気のエネルギー、すなわち「魂」が宿っており、死ぬと「魂」は肉体という衣を脱いで宇宙に旅立つとされている。そして霊魂不滅という言葉どおり、この「魂」は何度も輪廻転生《りんねてんしょう》を繰り返しているのだ。

死んだら終わりという考え方は、多くの場合「人生なんて、空しいもの」という思想を伴う。こうした思想を持つ者の中には、この世での悩みや苦しみを放棄して、単に仕方なく惰性で生きているような人もいるだろう。実際、今の世の中は生き辛いものなのかもしれない。近年、自殺者は増加傾向にあり、その数は毎年2万1000人以上にもなる。一日あたり50人以上が命を粗末にして自死している計算だ。これらの多くは失業者や年金などで暮らす人々だが、それだけではない。支援センターには「消えたい」「死にたい」といった子どもたちの声、特に小学生からの声もまた多く寄せられている。生きていくのが辛い、苦しい。生きている意味がわからない。この世から逃れれば苦しみから逃れられる。このように考えて、今が苦しいからと自己逃避して、自殺してしまう。

しかし「死んでしまえば一切の苦しみから逃れられる」などということはない。自死した霊魂は霊界には行けず、因果の摂理により不浄仏霊とされてしまうからだ。自傷行為は苦しみを和らげるどころか、さらなる苦しみとなる原因をつくるのだ。本人は早く楽になりたいと思っていただろうが、成仏するどころか地獄のような苦しみになり、中にはこの苦しみから他人を自殺に引き込もうとする、いわゆる悪霊とよばれるものになってしまう者もいる。自殺した挙句に、成仏できず苦しみに悶えることになるわけだが、「後悔先に立たず」である。「自殺などしても、決して楽にはならない」と、自らの肝に銘じて欲しい。

幽界から抜けられずに成仏できずに苦しむ自殺霊は、もし供養によって霊界に引き上げてもらっても、この世のカルマを背負ったまま輪廻転生してしまう。そうすると再びこの世に戻ってきても、その前世のカルマの因果から、再び苦しみの人生を送ることになるのである。

今のこの辛く、苦しい人生は「魂を磨く試練、霊格をあげるチャンス」だと考えることも一つの手だ。「この世は魂の修行の場である」と肝に銘じて、今まさに困難に直面している人々にも、与えられた人生を精一杯に生きて欲しいと願う。

＊愛する人との死に別れの辛さ「クライシス理論」とは？

お釈迦様は「生、老、病、死」という4つの苦しみを説いた。人生とは自分の思いどおりにならないものであるが、「死」による別れは、誰しもが避けては通れない苦しみだ。肉親や愛する人の死による永遠の別れの苦しみは、とても辛く耐えがたいものである。

これはある仲睦まじい夫婦の話だ。彼らはオシドリ夫婦だと近所でも羨ましく思われていたが、ある日突然、その旦那さんが心筋梗塞で亡くなってしまった。奥さんはさぞや悲しみに暮れているだろうと思われたが、葬儀の日、奥さんは弔問客に涙一つ見せず、取り乱しもせず、しっかりとしたスピーチを行った。気丈な奥さんだと評判になったのだが、三周忌も過ぎた頃、奥さんが精神的な原因で病気になり入院したという。なぜ今ごろになって……と、知り合いの人たちからすると信じられないような気持ちだった。

人間はさまざまな危機に直面したとき、一定期間の心理的不均衡（災害、傷害、事故、親しい人の死など、大きな危機的状況によって心理的にもたらされた危機意識）が生じる。我々はこれにどう対処したらよいのだろうか。

心理カウンセリングの世界において重要な理論の一つに、「クライシス理論」というものがある。この理論によれば、人々が心理的な危機に直面したとき、例えば、最愛の人が亡くなった場合などには、無理して気丈に頑張ることなく、感情を抑えずに悲しい気持ちを素直に吐き出してしまった方がよいのだという。悲嘆に暮れた時には、ありのままに涙を流して心の苦痛を素直に表すこと。危機意識を回避するためにはこれが重要で、感情を無理に抑えていると、いつしかその負担に心が耐えられなくなり、病気になってしまうこともある。例の奥さんはまさにこのケースだったのだろう。

今ではそういったことも少なくなったが、かつては葬儀の際に大勢の人々が集まり、酒肴が振る舞われて皆で賑やかに過ごすことも多かった。これにも遺族が悲しさを紛らわす心理的効果があったのかもしれない。また韓国や中国などでは、かつて葬式の場で「わーわー」と大声を上げて泣き叫ぶ泣き女という職業があった。泣くというより慟哭《どうこく》に近いその声により、悲しみに打ち静まるのではなく、ある意味では賑やかな雰囲気の葬儀をかもし出そうとする心理的な意図もあったのかもしれない。もっとも、これには儒教の影響も強く、葬儀で泣く人が多いほど故人の徳が高く、供養ができるかは涙の数で決まるという考え方が根底にあるのも事実ではあるのだが。

第3章

幽霊と霊魂

①魂、霊魂、幽霊

「魂」とは実在するのだろうか。魂の有無を科学的に究明することは難しいが、アリゾナ大学における心臓病患者の臨死体験の研究から、臨死の際に意識が肉体から離脱することがわかっている。これに関して、大脳が精神や意識と関わりがあるとの事例が報告されている。

量子力学では、人間は死後も魂として存続し、意識は宇宙空間とつながっている可能性があると考えられている。魂は人の眼には見えないが、人間の肉体に宿った命、思い、精神など、生命活動の原動力である「気」のエネルギーだともいう。

では今度は「霊魂」というものについて考えてみよう。これは「霊」と「魂」という言葉が合わさったものだ。霊魂は肉体から離れた個性の総称であり、五感を超越した感覚でのみ感じられるもので、死後の世界に存続する魂のことを指す。また仏教では成仏できずに現世をさ迷うものを意味する。

「魂」と「霊魂」について整理できれば、自ずと「幽霊」というものについてもわかってくる。幽霊とは人間の死後、肉体から離脱した霊魂が、現世への未練、執着、怨念などから、いまだにこの世をさ迷い続ける亡霊の姿だ。世界には古今東西さまざまな幽霊の目撃談があるが、幽霊は見える人と、見えない人がいる。

かねてより私は好奇心から、幽霊が存在するか否かを実際に自分の眼で確かめてみたいと思っていた。

ある夏休みの話だ。家族旅行で伊豆に行こうという話になり、空いている宿を探していたところ、たまたま一室だけ空いているという旅館を見つけた。

早速その旅館を訪れた私たちが部屋に入るや否や、霊感を持たない私ですら、なにやら嫌な気分がした。しかし折角の旅行で空気を壊してはいけないと黙っていたら、妻もまた「この部屋に一人ではいられない」と言い出した。とはいえ他に空いている部屋もなく、今更キャンセルもできない。ひとまず気にしないことにした私たちは、プールで精一杯遊んでから部屋に戻り、消灯して10時頃に寝床に入った。

そうしてしばらくすると、なにやら天井裏から「パキッ、パキッ」という生木を裂くような音が聞こえて来た。

「なによこの変な音。気味が悪い」

と言う妻。部屋の明かりをつけると、夜中の1時過ぎだった。結局その夜は眠ることもできず、まんじりともせず朝を迎えた。

座敷係の女性が、

「おはようございます」

と、布団を上げに挨拶してきた。私は、

「夜中に不審な音がしてよく眠れなかった」

と話したが、座敷係は何も言わずいそいそと出ていった。

しばらくすると、係の女性と一緒に支配人が来た。支配人は、

「申し訳ありません。お部屋代は半分で結構ですから……」

とだけ言って早々に立ち去ってしまった。

正直、宿泊代を半分にしてくれるのはありがたい。しかし、やはりこの部屋には何かあるに違いないと不審に思い、持ち前の好奇心から、近くの土産店で買物をしがてら聞き込みをしてみた。

「最近、あの旅館で仏さんが出ませんでしたか？」

と、店主に聞くと、

「そうそう、若い人の心中事件があったわよ」

あっさりとそんな答えが返ってきた。続けて部屋の位置を尋ねた私は、やはり、と合点がいったのであった。通常、不祥事があった部屋は1週間ほど空き部屋にする。しかし夏の書き入れ時で、たまたま私が空き部屋を探していたので応じたということなのだろう。

これは私がラップ音に見舞われたというエピソードであるが、しかし幽霊を直接目撃するには至らなかった。幽霊との遭遇を求めるのであれば、やはりなにかしら曰くの付いた地を訪れる方がより可能性はあるのかもしれない。

江戸には、三大処刑場（小塚原《こづかっぱら》刑場、鈴ヶ森刑場、大和田刑場）とよばれる刑場があった。

その中の小塚原刑場では吉田松陰や橋本佐内らが処刑されたが、道路工事人によれば、この地からは今も人骨が出てくるそうだ。当時合計で20万人ほどが処刑され、死体の埋葬も粗雑だったために、野犬や野鳥らに食い荒らされ、異臭が漂いまるで地獄の様相だったという。処刑された者たちの霊は今も付近をさ迷っているのだろう。近隣では幽霊の目撃談が絶えず、不可思議な事件に遭ったという人もいた。

小塚原近くの南千住の浄閑寺は、吉原の掟を破った遊女たちの投げ込み寺として知られている。その後、境内には遊女たちの供養塔が建てられ、そこにはなぜか永井荷風の墓もあった。

安政の大地震では多くの遊女が死に、当時雑木林だった今の昭和通りと大関横丁の交差点の辺りは、身ぐるみを剥がされ裸のままの死体が投げ捨てられていたという。人間として扱わず、犬猫並みの畜生道に落としてやろうとの考えがあったようだ。

以前、この地で霊能力者の渡辺薫龍師に同行願い、霊視検証実験を試みたことがある。その際、師は痛ましい多くの遊女の姿が見え、うめき声が聞こえると訴えた。やはり霊能力者には、当時の様子がイメージとして浮かぶようだ。こうした歴史との因果関係はわからないが、この交差点は都内でも有数の交通事故が多い地点だという。

鈴ヶ森刑場跡も同様に幽霊の目撃談が報告されている。国道1号線の補修工事人や、近隣の会社の人間も幽霊を見たと証言していた。私が赤外線カメラで現場を撮影したところ、多数のオーブが地面の下から浮上してくる怪奇な現象に出会ったこともある。

私はこれまで「幽霊を見たい」という好奇心から、都内はおろか関東近県を含めてミステリースポットとされる場所のほとんどを探訪した。しかし残念ながら私には結局何も見えることはなかった。

群馬県のとある地へロケに出かけた折に、山中の旅館の一室で「ここに、霊がいる」という目撃証言を得て、私は「幽霊を見る実験会」を提案した。

霊能力者と霊感のあるタレント（泉アキ、西川峰子ら）、他に一般の霊感あるスタッフにその霊を見てもらい、それらを個別に話してもらった。すると驚くことにその証言はそれぞれ一致したのである。

見えない人にとっては、霊はあり得ないもの、信じられないものだ。しかし見える人にとっては「当たり前のこと」なのである。

霊には幽霊のように霊格が低いものから、神のような高いものまで存在する。「低級霊とは決別して、霊格の高い霊に目を向けるように」と、霊能力者の清水一誠師から苦言とアドバイスを受け、私は心霊の研究に目覚めたのだった。

②「事故物件のアパート」……撮影実験（オーブの出現）

きっかけはある視聴者からの電話だった。

「不動産屋からこのアパートは自殺者の出た事故物件だと聞かされていた。しかし幽霊なんているわけがないと思った私は、破格の家賃につられてそのアパートを借りることにした。すると毎夜、幽霊なのかはわからないが、不審な声がする。ぜひ見に来てくれないか」

これを聞いた私は「面白い！」と、さっそくそのアパートを見に行くことにしたのだった。とはいえ本当に幽霊の仕業なのかどうかはわからない。スタッフたちも最初は話半分に考えていたのだが、実際に現地に着いてみると、なるほど確かに「さもありなん」と思わせられる風体のアパートだった。

期待に胸を膨らませた私たちは、丑三つ時の午前2時から4時の深夜、声の正体を確かめるべく、幽霊の撮影実験を試みた。通常の動画撮影で使われるカメラ（400〜700nm）、当然これは人間の眼に映るものと同じものを捉えるカメラだが、それを4台。そして近赤外線カメラ（750〜850nm）に、ノーベル物理学賞にゆかりある岐阜のカミオカンデから借りた紫外線カメラ（300〜400nm）、さらには超高感度体温測定「サーモグラフィー」や高感度磁気測定器など、人の眼には見えない範囲も撮影できるカメラ機器まで網羅して、万全の態勢で撮影に臨んだのである。

現場は8畳一間の畳部屋で、4台のカメラはあらゆる死角を漏らさず撮影できるよう配置した。一方、これまでの経験から幽体は肉眼では見えないことはわかっているため、メインカメラには赤外線カメラを据えて、いよいよ迎えた午前2時。案の定、肉眼では何も見えなかったが、部屋の空間からモヤ状の塊が尾を引いて出現し、ゆっくり部屋の中を移動する様子が赤外線カメラのファインダー越しに確認できた。同時に電磁波測定器の数値も変動を始めている。

モヤ状の塊はやがて空中に消えたかと思うとまた現れる。次々と出現するそれらは時に人の顔や人の姿のようにも見えるし、いわゆる「オーブ」や「たまゆら」とよばれるもののようにも見える。やがてボソボソと、まるで人が何かをささやいているかのような妙な音も聞こえてくる。結果として、アパートでの撮影実験は成功に終わった。

結局、あのささやき声がなんだったのかは定かではない。自殺者の霊の声のようにも思えるが、苦しんでいるような声ではなかったので、最後には供養できたのかもしれない。ただ後日、東京電機大学の町好雄教授にお願いしてこの映像の分析を行っていただいたところ、画面に映っていたモヤの実体はやはりオーブであった。こうして、「オーブは人間が見える可視光線の波長（約４００〜７５０nm）以外の領域、近赤外線領域（750～850nm）のみで写る」ことが判明したのだった。

③「招霊の儀式」三由デコ師「オーブは霊魂です」

福島県に在住だった卓越した霊能力者、三由デコ師は当時84歳だった。彼女は霊が見え、死んだ人とも会話を交わすことができるという不思議な能力を持っていた。全く面識のなかった人物であっても、その故人の特徴や願いを聞くことさえできたのだ。

そこで私は霊魂や幽霊といったものを何とか撮影できないかと、デコ師に相談してみた。すると「招霊の儀式」を行えば「霊魂」が現れるので、それならば撮影可能かもしれないという。そうして私は霊魂撮影実験を試みる機会を得たのだった。

撮影実験当日、深夜に霊能力者デコ師は知り合いの人たちを集めた。霊能力者デコ師が中央に座り、それを取り囲むように26人が円座して、各々が面前の100本のローソクに炎をつける。デコ師がお経を唱え、ついに招霊の儀式が始まった。撮影には、やはり赤外線カメラ（750～800nm）を使用した。霊魂は普通の人の目には映らない。見える人というのは恐らく見える領域が普通の人よりも広いのだろう。

基本的に空中を夥《おびただ》しく乱舞する霊魂の正体は幽霊ではなく、オーブだと思われる。デコ師も「霊魂はオーブです」と断言していた。

④閉店に追い込まれた怪奇現象の店……撮影実験（オーブの出現）

首都圏に位置する、とあるレストランが店じまいするという話を耳にした。店主に理由を聞くと、店員が二人自殺して、それ以来ラップ音や怪奇現象が絶えないのだという。気味悪がった他の店員が次々と辞めていき、次第に客足も遠のいてついには赤字経営に陥ってしまった。

それを聞いた私たちは件《くだん》の怪奇現象について調査を行うことにした。各種の撮影機器と磁気測定器などを準備し、まずは店内の各部屋に赤外線カメラを設置する。どの部屋で怪奇現象が頻繁に起きるのかを調べ、そうして特定した部屋をさらに重点的に調査した。すると凄まじいラップ音とともに夥しいオーブが頻繁に飛び交い、磁気測定器の数値が大きく変化することが確認できた。

やはり原因はオーブだった。そこでさらにその部屋の天井裏に赤外線カメラを、その下の通路にも複数のカメラを設置する。こうして撮影した映像を分析すると、オーブとラップ音は連動していることや、オーブは壁をも通り抜けることがわかった。ただ、もしこのオーブが自殺者の霊魂であると仮定すると、自殺者よりも圧倒的に多い数のオーブが現れていることになる。これは一体どういうことだろうか。

心霊研究において「類魂」という考え方がある。意識を持った霊魂は互いに同じようなグループに属し、霊的進化の過程を共同で経験するというものだ。つまり今回のケースも「類は友を呼ぶ」が如く、同じ境遇の霊魂が寄り集まっていたのではないかと推測できる。

レストランのある土地の来歴を調査すると、どうやらこの場所は、戦時中に焼け死んだ人たちを集めていた死体の集積場所だったようだ。なるほど、それならば自殺者の霊魂が同じように苦しい経験をした他の霊魂を呼び集めてしまったというのも納得できる。このような場所は民家には向かず、どちらかというと交易の場所となっていることが多いようだ。図書館や役所、郵便局、学校、公園などの公共の施設がこうした土地に位置していることが多いのである。

⑤霧積高原での怪？（ロケの怪と霊感の実証実験）未解決事件

これは群馬県の霧積《きりづみ》高原での話だ。1990年、長野県との境界に位置するこの地の山小屋で、登山家たちが幽霊を目撃したという話を耳にした。調べてみると、その山小屋ではかつて若い女性が殺害されたことがある、という噂まで流れているようだった。

現地へと調査、撮影に赴いた私たちは、まず地元の警察署に立ち寄って取材を行った。すると確かにその場所では以前に女性の殺人事件があったという。話によれば、その山小屋の先の高原温泉で二人の若い女性が待ち合わせしていたらしい。しかし先に着いた女性がいくら待っても一向に相手が現れない。心配に思った彼女がその相手の実家に電話をかけてみるとすでに出かけているという。結局翌日になっても相手の女性は現れず、行方不明として捜査されることとなった。そしてそれから1週間後、例の山小屋で殺害された女性の遺体が発見されたのだった。警察の調べによると、女性は温泉への道すがら、何者かによって山小屋に連れ込まれ殺害されたようだった。だが山中でのこの事件には目撃者もおらず、そのまま未解決事件になってしまった。

我々は女性の無念の思いを晴らすべく、何か事件の手がかりが掴めないものかと考えた。それと同時に、人間の死の間際の無念の思いは、霊魂としてその場に残留するものなのかどうかの調査を試みたのである。霊能力者を伴い現場に行ってみると、山小屋はどうやらそのままの状態のようだった。そこでまず、霊能力者およびスタッフの4名で被害者の供養を行い、冥福を祈った。ところが、そうしているとなぜか全員声がかすれて、喉に痛みを感じてきた。異常を察知した私たちは早々に引き上げることに決めたのだが、帰り際、山小屋の中を覗き込むように私が写真を撮ると、そこにはなんと煙状の女性らしき姿がぼんやりと映っていたのである。結局その日は下山した後で最寄りの駅舎で各々霊能力者に除霊をしてもらい、何とか事なきを得た、と思っていた。

しかしそんな不可解な体験を「心霊の番組」の中のコーナーで放送したときのことだ。このコーナーとは別にゲストとして南田洋子が控えていたのだが、彼女が放送中に急に不調を訴え、また「遠くに行きたい」を歌う予定だった歌手のジェリー藤尾が喉の異変で歌うことができず、さらにはレポーターまでもが高熱を出すという異常な事態となってしまった。これも山小屋の被害者の無念さの訴えだったのだろうか。

後日、鎮魂供養も兼ねて再度、霊の無念さは現場に残留するのかどうかを確かめる「霊魂の検証実験」を試みることにした。ただその頃にはその山小屋は撤去され、何の形跡もなくなっていた。そこで職能霊能力者にも同行を願った上で、さらに霊感のあるタレント３名（奈美悦子、西川峰子、泉アキ）を伴って、事件のことなど一切話さず単に山道を歩いて彼女たちが「何を感じるか？」を確かめるという霊感実験を行った。彼女たちの霊感の強さがどれほどかはわからないが、もし被害者の無念がこの地にいまだ留まっているのであれば、きっと何かを感じるだろう。かつて山小屋のあった場所を当ててしまう、などということもあるかもしれない。実験は当時の警察署長や弁護士などの立ち会いの下、厳粛に行われた。現場から５００メートル離れた所にバスを駐車させて皆で待機し、彼女たちには一人ずつ山道を歩いて感じたものを話すように依頼した。

その結果、泉アキがかつて山小屋のあった場所の付近で強い反応を見せた。そして霊媒となった霊能力者により驚くほど正確に、当時の場所と様子が実に生々しく伝えられた。憑依した被害者の霊は、「苦しい、助けてくれ」と叫んでいる。結局、犯人と思われる車の色や形に加え、犯人は二人組だったという情報を得ることができた。

そしてまたこの実験により、霊魂の無念さはその現場に残留するということが判明したのである。ただただ、霊の成仏安穏を祈るのみだ。

この一連の内容は1993年5月「緊急スペシャル・超常現象を見た！」という番組で放送され、大反響を呼んだ。放送後、現場で不審な乗用車を見たとか、東京のナンバーだったとか、犯人像につながる情報も多く寄せられたが、事件はすでに時効成立とのことでついに解決には至らなかった。もし、欧米で取り入れられている霊感捜査が日本でも活用されていたのなら、こうして未解決事件となることも防げたのではないかと思うと残念でならない。

⑥岐阜の団地騒動（幽霊目撃・怪奇現象・謎の解明：古戦場跡地）

平成12年12月、岐阜県の集合住宅で怪奇現象が起きた。1戸だけではなく、さまざまな部屋の住人たちがそれに遭遇したという。民放テレビ局では怪奇現象の騒ぎで、こぞって現地での取材合戦が繰り広げられた。ご多分にもれず、「超常現象」を得意とする我が取材スタッフも直ちに現場に赴き、怪奇現象に遭遇したという住人に取材したところ、不可思議な声が集まった。
幽霊を目撃した、首を触られた感触があった、「バキッ」という生木を裂くような怪音（ラップ現象）を聞いた、戸棚から皿が飛び出したなど、住人の話は多岐にわたった。他にも、ガラス戸がガタガタした音、電球が緩んでガタガタする音、天井裏でスリッパを引きずる足音、赤子の泣き声を聞いたり、方位磁石がくるくる回る、カーテンがひとりでに開く、生花がすぐ枯れたりといったポルターガイスト現象が生じていた。

取材調査班は、科学、心理、心霊の三位一体の調査、検証を行った。推理作家には問題の部屋に宿泊し、証言の裏付けと体験的レポートを記してもらった。また超能力者として来日中のオーストラリア人、ベネディクト女史と彼女の通訳にも参加願った。

集合住宅は４階建て一棟24戸だった。畑のような広い空き地に新しく建てられた集合住宅で、周囲を見渡すと遠方には小高い山々や電波塔が見え、近隣には小規模工場や住宅が並んでいる。

物理調査によれば、住宅の構造上の問題点は見つからなかった。建材業者に依頼して、住宅と同じパネルを使って建材の強度、反響音などを実験したが、工法も含めて異状は見当たらなかった。科学班は10台の定点カメラに加えて、暗視カメラ、通常カメラ、集音マイクを設置し、さらにサーモグラフィー（赤外線映像）、電磁波測定器、磁気測定器による調査を行ったが、これらにも特に問題はなく、遠方に見える電波塔や近隣工場からの電磁波の影響ということはなさそうだった。また、地下の水道管からの水流によるウォーターハンマー現象の可能性も調査したがやはりこれにも異常はなく、物理的な原因とは考えられない。

心理調査としては、住人の怪奇現象における目撃談や体験談の聞き取り調査を行い、心理カウンセラーが不安を抱く住人たちの相談に乗るという形での話し合いを進めた。その中で彼らの心理状態を調べていった。また、作家の体験レポートによれば、深夜に怪奇音が頻繁に起きて、一睡もできなかったという。

心霊調査ではまず超能力者の霊視により、30年前に住宅敷地内で自殺者が出ていたことが判明した。これは事実ではあったが、しかし今回の怪奇現象の原因とするには根拠が薄いように思われた。その後、さらにベネディクト女史が霊視を続けたところ、

「この土地では古い時代に合戦があったと思われる。多くの死者が出たので、死んだ人の霊魂が救いを求めている。したがって土地の因縁だ」

との指摘があった。そこで取材班が歴史的調査を行ったところ、確かにこの地は合戦の場所であったということが判明した。

時は戦国時代。この地では織田信長軍・加治田《かじた》衆と斎藤龍興方の岸勘解由《かげゆ》軍との「堂洞合戦《どうほらかっせん》」（永禄8年8月・1565年9月）があった。その合戦では、信長側は使いを派遣して相手側に投降を勧めたが決裂し、結果、当時まだ幼かった八重緑《やえりょく》姫が磔《はりつけ》にされ惨殺された。姫の亡骸はその後忍びに入った家臣が奪い取り、龍福寺に葬られたと伝えられている。

つまり、当時の合戦で死んだ侍や住人たちの霊魂の思念が、時間空間を超えて、この地の今日の住人たちに、成仏を願う思いや訴えとして怪奇現象を引き起こしたのではないか。歴史上の土地の因果関係を考慮すると、この集合住宅の怪奇な事柄は、この土地の血生臭い因縁に起因する心霊現象だったのではないかと考えられるだろう。

しかしこのような結論は、現在の科学を信奉している人たちには到底認められないことであろう。しかし、これまでに心霊現象の取材や検証を多く扱ってきた私には、いまだ成仏できない霊魂たちが時空を超えて、自分たちの思念を聞いてもらいたいという訴えで不可思議なことを起こした、という結論はとても納得のいくものだ。

取材では、科学機器を用いてさまざまな測定や撮影を行ったが、それらでは怪奇現象に対する合理的理由を説明することはできなかった。一方、外国の超能力者による霊視では、因果関係との符合とその理由に合点がいった。不可解な現象に対して、興味本位ではなくあらゆる角度から真摯《しんし》に原因を究明し、それにより怪奇現象が収まれば住民の方々にも安心いただけるという思いから、荒行で優れた能力を身につけた日蓮宗妙見寺風間圓静住職を遠方の宮城県から招いて鎮魂供養を行った。それから1週間後に住人たちに様子を聞いたところ、ほとんどの住民は怪奇現象が収まり、平穏に暮らせるようになったとの報告があった。これにより、我々は安堵すると同時に、我々の取材が単なる興味本位によるものでないことを実証できたのである。

今の世の中で一般にはこのような怪奇現象は、フェイクや錯覚、群集心理によるものだなどと思われるかもしれない。しかし「事実は小説より奇なり」とは、どこかで聞いたような言葉だが、目に見えない不可思議な心霊現象は「存在する」のである。

⑦霊姿現象について

霊姿現象とは何か

2011年3月11日、東日本大震災によって数多の命が失われた。合計2万2212名の死者・行方不明者を出したこの未曽有の大災害から10年以上の月日が流れた今でも、突然大切な人を失った人々の悲しみの思いに変わりはない。そしてこの被災地では震災以降、「霊を見た」「母ちゃんと再会した」「浜辺で歩く大勢の亡霊を見た」といった目撃談から、行方不明の肉親が「早く見つけてくれ、埋葬してくれ」と枕元に現れたという話までもが寄せられている。各メディアはこうした被災地でのさまざまな声を取材し、報道した。

2013年夏に放送されたNHKスペシャル「亡き人との再会」では、生々しい霊姿の目撃証言などが放送され、大きな反響を呼んだ。好意的意見も多く寄せられたが、その一方で怪談や迷信、オカルトであると一蹴する声や、科学的に実証されていないものを取り上げることに対する批判的な声もあった。唯物論的な思考しかできない人たちにとっては、霊の目撃談、霊姿目撃体験など単なる恐怖心からの錯覚や幻覚、妄想などに過ぎず、非科学的で根拠がない戯言のように映るのであろう。しかし霊を目撃したという事例は、これまで国籍、人種、宗教、教育、年齢を問わず多数報告されているのが現実だ。これらすべてを頭から否定してしまうのは思考停止と言わざるを得ない。

人は誰でも必ず死ぬ運命にある。然るに「死後の存続」の究明は、「生と死」の意義を考える上でも重要であるといえる。災害をきっかけに事実を収集して真実を究明し、亡き人の声に耳を澄ますこと。これらはきっと、遺族の心のケアにもつながるだろう

霊姿現象とは生霊や死霊、および近似死状態、臨死体験において霊の姿を目撃する、いわゆる幽霊譚に見られる広義のゴースト現象を指す。霊姿現象の目撃者を取材してみると、そこには容姿、目撃状態、場所、住居環境、目撃者の素質、因果関係といったさまざまな要因が存在することがうかがえる。地震や津波で突然最愛の人を失った事実は受け入れ難く、人々の悲痛な感情は計り知れない。そこで心の中で処理しきれない非常に多くの感情が、霊の投影という形で現れると考えることもできる。だが被災者ではない人でも霊を目撃した事例もある。

事実と真実は必ずしも一致するものではない。何かを目撃したように思えても、それは錯覚や幻視、幻覚かもしれない。あるいは亡くなった人の姿が本当に見えたのかもしれない。人は肉体の死後も存続するのかどうかを、霊姿現象に関するさまざまな仮説から考察したい。

（1）目の錯覚説

「幽霊の正体見たり枯れ尾花」という諺にもあるように、心理的な恐怖感からの誤認や錯覚をする。

（2）パレイドリア（pareidolia）説

精神医学の用語でパレイドリア（変像機能性幻覚）というものがある。古壁のしみや木の影が顔に見えるといったような、あるものを別のものに知覚してしまうことをいう。対象物に対して誤った感覚や認識を得るのが錯覚であり、存在しない対象物を存在すると見なしてしまう幻覚とは区別される。

被災者の肉親が津波で亡くなり、その後、家の中で愛する肉親の霊姿を目撃したケースなどは、会いたいという感情がつのって家の中の何らかの影を錯覚した、という説も考えられなくはないが、複数の目撃証言があることからも、皆が錯覚したとは思えない。

（3）暗示幻覚説

肉親が枕元に立つという話はよく耳にする。床に入り眠気を催し微睡状態になると非暗示性が亢進する。いわゆる入眠催眠状態は半分目が覚めて周囲の状況を大体把握している状態だが、このときに生々しい現実感、恐怖感を伴った夢を見ると幻視、幻覚が起きるという説がある。

私はかつて催眠による再現実験を試みたことがある。霊姿目撃の経験がない女性を催眠状態に入れ、「霊が見える」との暗示をかける。その後、再び催眠暗示で目を開けさせ、今も目の前に霊が見えるかどうかを尋ねるという実験である。

すると確かに実在しない幻姿を見た。いわば夢見の浅い意識低下状態では、脳の内部に蓄えられている普段は意識に上らない記憶情報が前頭葉に流れる。そしてさらにそれが視床に送られ幻視が発生することがある。

だが、父親が嫁ぎ先の娘の夢枕に立ったのが、父親が亡くなったのと同時刻だったと後から判明したというケースもある。したがって、すべてが幻覚説だとするのも短絡的に過ぎるように思う。

（４）磁力による幻覚説（岩石磁力）

岩石磁力とは磁性鉱物を含む岩石の持つ磁気的現象のことで、主として岩石の残留磁気を指すことが多い。火山が噴火して地上で固まった溶岩や海底に沈殿した土砂の中には磁気を帯びた粒子があり、また磁鉄鉱を含む花崗岩などもその類である。これらの岩石から発生する磁力の乱れが、人の脳内の神経回路を流れるイオンの微弱な電流に作用して、思考に乱れを生じさせ幻覚を誘引するという説がある。

被災地の海辺を亡くなった人たちが歩く霊姿を見たというタクシー運転士がいる。だが車中にいながら、砂浜の磁力により脳内のイオンの流れが影響されるとは思えない。しかも、もしその場で岩石磁力が働いていたのなら、その海岸では磁力の作用を受け、多数の人々が幻覚を起こさなければならない理屈になる。

（5）電圧効果幻覚説

カナダのローレンシア大学のマイケル・パーシンガー博士の実験によると、脳に電気刺激を与えると右脳左脳の役割分担が崩れ、体外離脱や神秘体験、霊姿幻覚などの超常現象を引き起こすという説がある。

テレビ番組にて、幽霊の目撃が多いといわれる兵庫県の六甲山で実地実験を行った。その結果、地下深くに密集する断層の「圧電効果」により、地磁気の乱れから脳の側頭葉の神経細胞に異常な電圧が生じて幻覚、幻像が起きたのである。側頭葉は、言語、記憶、聴覚に関係する部位で、いわば自然界で生じる磁気干渉が、あたかも霊姿目撃体験をしているかのように感じさせるという。

この説では一見、霊姿現象が幻覚、幻像による科学的根拠を示しているように思われる。だが、被災地住民の霊姿現象の証言を地震前後で比較検討すると、圧倒的に被災後が多い。つまり、むしろ霊姿目撃の根拠は他にあると考える。

霊姿現象についての考察

霊姿現象のすべてを錯覚、幻覚、妄想とするのには無理がある。対象とするモノは脳内の幻影ではなく、外界に事実存在するものであるからである。スピリチュアルの立場でいえば、霊視は超感覚的知覚（ＥＳＰ）あるいは霊的能力によるものだ。

霊姿の見え方には個人差がある。職能者によれば、実際に肉眼で視える人、肉眼ではなく外界のモノが脳内のスクリーンに映像として映し出されると表現する人のほか、魂が視たいところへ行って視る、という霊能力者もいる。

通常、人は目に見える視覚領域内でモノを見て認識している。一般人で霊姿を目撃した人は、死者の想念から発せられるエネルギーの波動とその人の意識レベルの波動が同調したか、または死者側が霊姿を見せるだけの強い動機が存在したのだと考えられる。

霊姿の目撃体験談を分析すると、人の感覚的素質によるものが大きいように思われる。霊姿のみならず霊的気配さえ感じない人は霊的感受性が乏しく、現実的で霊的に無関心であり、「縁なき素性」だといえよう。しかしながら、これまで霊的なモノを見たことも感じたこともない人が、ある日突然に霊姿を見ることもある。例えば、先に述べたタクシー運転士などがそれに当たる。被災者でない人が見るケースもあるが、これはその目撃者の意識レベルと、突然亡くなり己の死をいまだ自覚できない霊（意識体）の波動レベルが同調したために生じたのだろう。

一方、家族の「亡き人に一目会いたい」という強い想念の波動が、亡き人の念エネルギーの波動と同調した時、霊姿を見せるというケースもある。また、優しい人柄であったり深い悲愛のある人は、霊に頼られやすく霊姿を目撃したり、声を聞いたりすることがよくある。ただ家族の人があまりに長く悲しみの想念を持ち続けていると、他界した人は幽界に留まったまま霊界に行けないこともあるので、亡き人たちへの思慕もほどほどが大事だ。

他界した方々の霊魂は一刻も早い真の救いと苦しみからの解放を望んでいる。そのためには鎮魂供養が大切である。成仏したならば、やがて生きている人たちを見守り、励まし続け、遺された人たちの生き方にも影響を与えるであろう。

霊視のメカニズム

通常の視覚情報伝達のシステムでは、我々が外界のものを目で見た情報は水晶体というレンズを通して網膜に映される。ここには視細胞があり、その情報は電気信号に変えられ視神経を通して、右視野の信号は脳の左半球に、左視野の信号は右半球に送られる。次に視床という所で情報は整理され大脳皮質の視覚野へと入り、色、形、明度などの情報を分析してモノを認識している。

一方、霊視能力者が霊姿を見るケースでは、外界の情報は上眼上部の両眉の間にある「第三の眼」（チャクラ）へと伝えられるという。その情報は電気信号に変えられ光波、磁力を感知する松果体という器官（透視能力の関連器官？）に入り、情報の関所である視床に送られ、脳神経の回路（Ａ10神経）を通って伝達物質であるドーパミンを放出する。そして連合記憶領域から後頭葉の視覚野に送られ電気信号に変えられた情報によって、あたかもバーチャル・リアリティ（仮想擬似映像）のように次々とイメージ像が想起されるのだ。松果体は思春期以降に退化するといわれるが、イメージトレーニングにより脳を活性化させると、直観、予知、透視能力が蘇るという。

近年の脳内機器の急速な進歩により今までブラックボックスだった脳の働きにも光が当てられるようになってきた。特に特異能力を検証するうえで注目すべきは、古い皮質から延びている快感中枢にある「Ａ10神経」である。

これは前頭前野へとつながって快感ホルモンであるドーパミンを分泌し、快感や幸福感をもたらす器官であるという。このＡ10神経はドーパミンの流れを制御する働きもあり、薬物や過度の脳内刺激を受け制御が外れると、Ａ10神経からドーパミンが多数放出され常軌を逸した行動をとる。○○と天才は紙一重といわれる所以とも考えられている。

極度の苦痛や生死の境をさ迷った体験のある者や重篤の病気であった人、あるいは災害や事故で意識を失い臨死体験をした人などは、その際に苦痛を和らげるために脳内の制御が外れ、Ａ10神経から自動的に大量のドーパミンが放出される。それが一種の刺激剤となり、深い意識から特異能力が授けられることもあるという。

または、霊視では五感を超えて、実際に霊的意識体からの情報やメッセージが知覚心像（イメージ）として意識の中に思い浮かべられると考えることもできる。であれば、まさに幻視や幻覚ではあり得ない情報を知り得るはずだ。「霊魂＝意識体」であってもそれを知覚することができるだろう。

霊姿現象とオーブについて

ここで、霊姿現象とオーブの関係性にも触れておこう。これまで研究したオーブにおける私論では、オーブは霊体もしくは幽体だと思われる。オーブの形状は主に球体状だが、煙のようなモヤ状のモノもしばしば写真に写ることがある。この種のモノも球体状のオーブが変化したものだろう。

　東日本大震災で壊滅した街や海辺では、上空に多数の浮遊しているオーブが写真に写る。これらのオーブは突然の津波にのみこまれた方々の霊魂であるのだろう。被災地ではそれぞれ慰霊碑が建てられ、故人を鎮魂する行事が行われている。現在（２０２２年３月）、震災関連死した人は３７８９人に上り、福島で直接死した人の数を上回るようになった。一日でも早い復興が望まれる。犠牲となられた方々の安らかなご冥福を心からお祈り申し上げます。

＊意識体のオーブについて

古来、我々は球形のものを一括りにして「たま」と呼んできた。実際にはこの言葉は、玉、珠、球、魂、精霊など場合によってさまざまな意味を持つが、「死人のからだから抜け出た魂の飛ぶ姿」を人魂と言うように、主に空中を浮遊する光り物からこの名がついたとされる。

昔は土葬であったために、人魂は骨から出たリンが雨水に反応し発光しているものであると考えられていたが、科学的にはリンは発光しないのでこの説は否定された。他にも、人魂の正体はある種のガス体か球電現象、あるいはプラズマである、などといったさまざまな説がある。

１９９６年、私はある神社の境内で招霊実験を行った際に、白い半透明の球体状のものを赤外線ビデオカメラに捉えた。この謎の球体についてテレビで取り上げたところ、さまざまな意見が寄せられた。チリ、ホコリ、花粉など大気中の浮遊物か、雨や霧などの水滴、あるいはレンズ内反射によるフレアーやゴーストなどの単なる光学的回折現象に過ぎないとする意見もあった。

そこで私はその正体究明のため、徹底的に検証実験を行った。紫外線ビデオカメラ、通常のビデオカメラ、赤外線ビデオカメラ、サーモグラフィー等々を準備し、また高感度電磁波測定器や粉塵測定による浮遊物の分析など物理的機器による観測に加え、画像分析として球体内の核の模様や表面凹凸、発光、色彩、移動速度などについて徹底的な解明を行った。

その後、日本サイ科学会の名誉会長である佐々木茂美工学博士（電気通信大学名誉教授）は、この研究に熱心に取り組み、「オーブ（たまゆら）やサイ（気）は、物質面と意識面を兼ね備えている（素粒子の相補性）。つまりオーブの出現は、人の意識に関係するものであり、マイクロＰＫの一種であると言えよう」との科学的研究発表を行った。

確かに、オーブは何らかの意図をもって出現するように思われる。もしかしたら、オーブとは意識を有する生命エネルギー体なのではないだろうか。近赤外線カメラで撮影したビデオ映像をスローモーションにして見てみると、数個のオーブがまるで異次元の空間から私たちの三次元の世界に姿を現し、また他の次元のベールに消え去るかのように移動していく様子が確認できる。

オーブが異次元世界から私たちの三次元世界に意図して出現しているのだとして、それは一体何を意味しているのだろうか。

2010年、アメリカのスタンフォード大学で材料工学の研究教授を務めたクラウス・ハイネマン物理学博士が、共著『オーブは希望のメッセージを伝える』(奥野節子訳・ダイヤモンド社)の中で、「オーブが放射していると考えられる非物質的な存在は、写真の特別な位置を利用して、写真の撮影者とコミュニケーションしようとしているのかもしれない」との見解を述べた。

一つの仮説として、人の臨終の際に「魂の緒」(シルバーコード)が肉体から離れて、それがやがて煙状やモヤ状を経て、小球体のオーブになるのだとは考えられないだろうか。この場合、物理的に解釈すれば、オーブは電磁気的な生命エネルギーを持つ超微粒子の集合体であり、球形な核を有する存在であるといえる。

以下に、実際に写真に写ったオーブの例と、オーブについての実験、考察の結果をまとめる。

①神社にて（茨城県の鹿島神宮と長野県戸隠神社の九龍社殿）

神社という聖域では、現世の人々と同様に祈願や魂の浄化を求めてオーブも多数出現すると思われる。各場所との関わりにも出現の意味があるのかもしれない。

②オーブの招霊実験（微弱電流装置での実験）

霊能力者は亡くなった人たちの霊魂を招き寄せることができるのかどうかを検証する実験を試みたことがある。意図的に霊魂を招くことができるならば、オーブは我々にコンタクトを求めて出現する意識を持った存在だといえよう。

空中浮遊物を分別測定する機器を用いたものだ。明らかに埃や塵ではないことがわかる。オーブは電磁気を好むというので周りを結界のようにニクロム線で囲い、10Vの微弱電流を流す装置を考案した。すると霊能力者の招きに呼応するかのようにオーブが出現した。オーブが知性と意識を有するならば、オーブは霊的な存在とも考えられる。

③オーブの形状（さまざまに形を変える。各々万国共通である）

オーブの形状は球形が多いが、時と場所によってさまざまな形状となり、中には霧やモヤ状で、高速移動の際には光跡状に写るものもある。球形状の中には顔のように見えるものまである。内部に素粒子の核があり、意識を有し、すべてをコントロールしているものと推論できる。

④色彩の意味（各固有のエネルギー振動数により発色に違いができる）

- 黄金色系……主に神社などの聖地、稀に一般住宅でも出現する。肉体を持たない高次元の神霊で、眩い光球も同様に高次元のものと考えられる。
- 青色系……大空のように清々としたものは喜びを現し、個人の傍らに出現する。精霊や浄化した先祖霊であるというのが霊能力者の見解だ。
- 白色系……一般的にもっとも多いが、場所や個人の関わりで意味が異なる。個人の傍らに寄り添うものは、見守り、祝福、激励、忠告などの意味があると思われる。

・赤褐色系……光を吸収する暗い赤褐色は不浄な場所に多く現れ、邪霊であると思われる。波動に同調すると憑依する。未浄化霊は救いを求めて出現するという。

撮影した写真と提供を受けた写真、合わせて計5万枚を基に考察していくと、以下の点が指摘できる。

・オーブの出現場所や個人の傍らに象徴的に現れるオーブは、その特定個人に対し何かのメッセージを持つ。

・オーブとコンタクトする実験では、オーブは呼応するかのように現れる。すなわちオーブは知性、意識を有する存在である。

・招霊の儀式でもオーブが出現する。すなわちオーブは霊的エネルギー体で、霊的存在である。

私は、オーブは怪奇現象を起こす悪霊であるという先入観を持っていた。しかし高次元のものから低次元のものまでさまざまあり、万国共通のものであることもわかった。

　撮影したビデオ映像をスローモーションにして見ると、オーブはまるで異次元世界から我々の三次元空間にフェードインするように現れ、浮遊、移動し、また異次元空間にフェードアウトするように消え去ることが確認できる。オーブは意識に反応する素粒子群から成るサイ情報系だとか、高度の知性と能力を有するある種の霊命体、あるいは魂が肉体から離脱した霊的エネルギー体であるなど、さまざまな見解がある。

第4章

憑依と霊障の怪？

①ある旅先での憑依ハプニング

出羽三山と言えば、羽黒山、月山、湯殿山など、東北の霊山として全国的に有名であり、中でも羽黒山は山伏という修験者の修行の山として天狗伝説としても知られている。

あるとき、とある霊能力者に関心のある仲間が集まり、どこかへ皆で旅行しようという話になった。行き先はこの出羽三山に全員一致で決まった。この一行に私も誘われ、スピリチュアルに関心のある人たち17名でバスを仕立て旅行することになった。霊能力者の説明では、出羽三山というのは、羽黒山が現在、月山が過去、湯殿山が未来と見立てられ、この三山巡りは死と再生を辿る「生まれ変わりの旅」として、古くから信仰の聖地として知られてきたという。

羽黒山の麓では、霊能力者K氏が国宝の五重塔前で懇《ねんご》ろに祈願する。そしていよいよ長い階段状の山道を登っていく。霊能力者は天狗たちが我々を出迎えていると言うのだが、我々には見えなかった。羽黒山の祭殿では現世のご利益を叶えるとかで、それぞれ懇ろに祈願した。その後月山は天候が優れなかったため、パスで湯殿山に向かう。

ここは即身仏としても知られ、生きたまま即身成仏を願った修行僧のミイラが何体も現存している。その影響なのか、一行の中でも霊媒の素質のある二人が何かを訴える憑依現象が起こった。私たちは這《ほ》う這《ほ》うの体《てい》で逃げるように下山したのだった。

出羽の山々が夕闇に包まれ、一行は事前に予約していた旅館に投宿した。男女の部屋割りを行い、女性3人が泊まる部屋に案内したところ、突然、叫び声が聞こえた。

「どうしたの？」

と私が聞くと、一人の女性が鴨居辺りを指さして絶叫する。訳を尋ねても、

「あの鴨居に女の人が……」

と言うばかりでそれ以上は声にならない。他の二人も異口同音に、叫びながら恐怖におののいている。どうにかして落ち着かせ事情を聞き出すと、何やら若い女性が首を吊っている姿が見えるというのだ。

それを聞き、彼女たちに他の人たちには内緒にするようにと釘を刺し、一つ考えがあった私はその場を離れた。私はその後、一行の中でも鈍感そうな男性3人の下に行き、あの部屋に泊まるよう指示を出した。旅の疲れを癒すために皆は温泉で体を温め、

その晩は何事もなかった。翌朝、かの部屋に泊まった男性3人に御機嫌伺いがてら寝心地を聞いたところ、皆とても熟睡できたとのことで安心したのだった。やはり、霊感のある者にしか件《くだん》の女性の姿は見えないのだろう。

朝食を終えて、それぞれが部屋に戻り談笑しているとき、突如、ひとりの霊媒体質の女性が「苦しい！　苦しい！」と絶叫し出した。直ちに霊能力者K氏が駆けつけてその訳を聞き出すと、

「昨夜、彼と一緒に心中するはずだったのに、私だけが死に彼は逃げてしまった」

と訴えてきた。そこで「彼」の名前を尋ねると、また、

「○○さん！　○○さん！」

と男の名前を呼んで絶叫する。すると突然、今度は傍にいた別の若い女性が苦しみ出し、

「苦しい！　苦しい！」

と絶叫してお腹を押さえる仕草をする。事情を聞き及ぶと、どうやら女は身籠ったものの、結婚を反対されて二人で心中を図ったとのことだった。しかし直前で男は怖くなり、旅館から逃げ出してしまった。そのため、死んだ女性の無念の想いが、ほか

の女性に憑依して、男の名前を呼び続けていたのだった。

これは予定にないハプニングだった。丁度カメラマンも同行していたので、予期しない出来事ではあったが、地名や旅館名を伏せた上で、私はこの出来事を基に番組の企画、制作を考えたのだった。

その後地元のテレビ局と合同で徹底的な調査を行った結果、前日に二人が別の旅館に実名で宿泊していたことや、二人の所在も判明した。この旅館は一切ノーコメントだったが、地元の新聞社の協力も得てさらに調査を進めた結果、この旅館での出来事に間違いないことがわかった。

放送後、二人の名前は伏せていたにもかかわらず、「私の妹に間違いない」との電話があった。電話の主は、一緒に警察に行ってくれないかとも求めてきたが、当方は事実関係を報道したにすぎず、私事に関わるつもりはありませんとお断りさせていただいた。

この一連の出来事から、人は死んでも霊魂となり、その想念はいつまでも残ることがはっきりした。さらに憑依を受けると、霊媒の口を借りて死者本人が思いを喋ることも可能だということがわかった。

②生霊と死霊の恐怖

「死者の霊より生きている人に恨まれた生霊のほうが恐ろしいと聞くけれど、本当なのか」と、よく聞かれる。

死霊というのは死んだ人の思いの念なので、その死者の霊の言い分を聞いてあげて供養さえすれば済む話だ。しかし、生霊というのは現に生きている人の恨み、憎しみ、妬みなどの思念のエネルギーなので、相手が心変わりするとか、納得しなければ、その邪念が発せられ続けるので始末が悪い。ここでは身近にあった「生霊の実話」を話そうと思う。

私の友人に、あるデザイン関係の会社の社長がいた。物腰は柔らかく、いつも仕立てのいい背広を身にまとった、なかなかのダンディな男だった。その彼がたまたま近所に用事があって我が家に立ち寄った際、こちらもやはりたまたま姪が遊びに来ていたので、同席して談笑している時のことだった。

その姪というのは大学で心理学を学んでいたのだが、子どもの頃から霊感があり、その勘の鋭さは周囲を驚かせることがしばしばあった。

談笑中、彼の携帯電話が鳴り、彼が玄関のほうへ足早に席を立った。それを見送ると、姪が小声でささやいた。

「あの方の背後に髪の長い27か28歳ぐらいの綺麗な女の人が視えるわ。恐らく恨みの念なので生霊だと思う。名前はたぶん、慶子っていう人かも……。あの人、その女性のことで、今悩んでいるんじゃないかしら？」

と真顔で言うのだ。だが、私は彼のそんなプライベートな話を聞ける立場ではなかったが、姪はその女性の名前だけでも聞いてみないかと提案してきた。私は躊躇《ちゅうちょ》したが、席に戻ってきた彼に思い切って名前だけ聞いてみることにした。

「唐突だが、慶子さんっていう名前に心当たりある？」

私がそう尋ねると、彼は、

「え！　その名前……、どうして？」

と言う。

「いやあね、この姪は変な直感があってね。なぜだか気になるそうだ」

と私が答えると、彼は急に真顔になり、

「恥ずかしい話だが、実はね。今日妻といさかいがあって……その女の名が元でね」

とこぼしたのだった。それからしばらく沈黙が続いた。いくら友人でも、それ以上のことを私は聞き出せなかった。

それから半年ほど過ぎた頃、彼から電話がかかってきた。実は、病院に長らく入院していたのだという。

彼の話では、自転車に乗っていたとき側道の溝に自転車ごと落ちて、肋骨を3本折り、前歯も、顔面も大怪我をして、救急車で運ばれて緊急入院する羽目になったのだとか。半年もの間入院しているうちに会社も赤字で倒産し、彼の会社の従業員たちは皆辞めざるを得ず、職探しにはそれぞれ苦労したらしい。まさに散々な目に遭ったのだった。

しかし自転車の転落ぐらいで、それほどひどい怪我を負うこともそうそうないだろう。それだけに、社長が弄《もてあそ》んだ女性の恨みだとか、生霊は怖いだとか、さまざまな噂が囁《ささや》かれていた。

その後、彼は借金地獄で都内の家を売却して、今は郊外の不便な所に引っ越してしまった。そこを終《つい》の住処《すみか》と定め、妻と寄りを戻して静かに暮らしているそうだ。

最初に述べたように、生霊は本人が心変わりしない限り、いつまでもその思念が発せられる。したがって、まず相手に会って詫びるとか、和解するなどしなければ解決することはない。嫉妬を受けた場合では、たとえ自分に非がなく理不尽だとは思っても、わかってもらうしかないと思われる。ただし、「人を呪わば穴二つ」の言葉のとおり、いずれは憎んだ念は自分に返ってくるものだ。

事実は小説より奇なり。生霊にまつわる話はまだまだ枚挙にいとまがないが、今度は「死霊」の話をしよう。以前、テレビの「ワイドショー」に出演していたレポーターの話である。

現役の頃の彼は行動力があり、マスクもそこそこで女性には人気がある方だった。ある時、私は彼から真顔で相談を受けたことがあった。

「実は、付き合っていた女から女房と別れて結婚してくれ、とせがまれた」

と言うのだ。唐突の相談で、私はよく事情もわからないまま、何年付き合っていたのかと聞いた。すると、

「3年間だ。深く半同棲状態で付き合っていたので、今更嫌とも言えない」

と言うので、私は、

「あくまで君の意思次第だ。私は何かを言える立場ではないが……。そもそも奥さんとは別れられるのか？　子どもさんだっているだろう。もし別れる気なら永く生活をともにしていた奥さんには正直に話をするしかない。また君の気持ち次第だが、彼女とも誠意をもってよく話し合って、彼女たちには理不尽な話だが、納得してもらうしかない」

と助言した。別れ話は互いに辛く、切なく、時には苦しいものだ。しかし逃げずに話し合うしかない。

「君の今の立場を考えて、慎重に行動しろ。テレビレポーターが逆に週刊誌ネタにでもなったら大変だから」

と続ける私には、これ以上、諭す言葉も見つからなかった。

その後、数週間経ったある日、週刊誌に彼の行状により、「愛人自殺」との記事が出てしまった。早速、彼を呼び出して事情を聴くと、

「私には多感な年ごろの中学生の子どもがいるので」と彼女に別れ話を持ち出したら、その2日後に自殺してしまったという。こうなってしまっては、対策を考えても今更どうしようもない。彼には番組のレポーターを降りてもらうしかなかった。自業

自得と言えばそれまでだが、一人の犠牲者が出た、残念な出来事であった。

その後、久々に彼と会って心境を聞いたが、自分の不徳の至りだと、彼女や妻に対しても深く反省していた。自死した彼女の命日には、お墓参りをして詫びて成仏を祈っているという。確かに生霊とは違い、死霊は、成仏安穏を怠らず祈って心を入れ替えれば、その念は収まっていくように思える。

自らの播いた悪い所業を棚に置いて、やれ悪霊だ、因縁だ、と霊に責任転嫁する輩もいる。心霊相談を聞いていて私が思うのは、素直に自分の不徳の至りを反省することこそが大切だということだ。

何でも霊の仕業にして、あちこちの霊能力者巡りをする人がいる。やれ悪霊か、はたまた先祖の因縁かと不安に怯える人がいる。こういう人は思い込みの激しい人である。たとえ霊能力者が霊の仕業であることを否定しても納得しない。しかしそこで霊能力者が供養や除霊の真似ごとをすると納得し、不安が取り除かれたと話す人もいる。嘘も方便というか、霊能力者という威光の暗示作用も時に効果的なケースもある。

霊能力者に頼めば何とかしてもらえると思うのはいかにも他力本願であり、信仰と同じだ。苦しみごとを抱え、相談する人もいなく藁にもすがりたい人の立場になれば、霊能力者巡りをする気持ちもわからないではない。しかし大切なことなので一言付け加えれば、病気に罹《かか》ったならば霊能力者ではなく、まず病院で診察、治療を受けることが賢明である。ぐずぐずして病状が悪化し、手遅れになることだってあるだろう。医者にかかっても一向に改善が見られない場合に、信頼のおける霊能力者に観てもらうことも良い。霊能力者にも透視、霊視、除霊、浄霊など得意不得意があり、身体のことならばヒーリングのできる方に相談されることが望ましい。

③台所に立つと憑依する主婦?

これは九州に住む主婦の身に起きた、実際にあった怪異譚だ。彼女が台所に立つとどういうわけかいつも悲しい気持ちになり、なぜか憑依現象が起きて困るという。そこで寺の僧侶である霊能力者Z氏に相談したところ、彼は霊視によって台所の床下に男女の遺体が埋まっていることを見抜いた。

とはいえ、それを実際に確かめるには、台所を壊して重機で床下を掘らなければならない。一部とはいえ家を壊すわけで、万が一、何も出なかったらと思うと、そう簡単には実行できない。家主に事情を話すと、台所に立った主婦の口からは、時に何事かと思わせるほどの苦しげな訴えがあったという。家主もそれをただ事ではないと考えていたようで、結局、台所を壊して床下を掘る許可を得た。

そうして、霊能力者立ち会いの下で作業に入った。しかし、床下をショベルカーで掘り下げていっても一向に何も出ない。お昼時だったので、出前の蕎麦屋の若い衆が掘った穴をのぞいて帰っていった。また現場のディレクターも同様に、ヤキモキして穴の底をのぞき込んでいた。

3メートルほど掘り進めると、何か板のようなものがシャベルの先に当たったようだった。一同は固唾《かたず》を飲んで穴の底を見つめた。作業員が穴の中に入って手持ちのスコップで慎重に掘り出していく。そしてついに、ドロッとした土のような塊をスコップで掘り上げたのだ。

「溶けてはいますが、骨のようなものですね」

さらに掘り下げると、重なるようにもう一つ、骨のようなものが現れた。どうやら二人分の人骨のようだった。

後日、この骨のようなものを九州大学医学部で調べてもらったところ、まさしく江戸時代ごろの男女の骨であるらしいことがわかった。霊能力者曰く、「この男女の骨は、不義密通したために埋められたのではないか」とのことだったが、確かな証拠はなかった。

余談だが、昼時に出前を届けてくれた蕎麦屋の若い衆が、精神的なダメージを負って後日入院したという。また、九州の番組の担当ディレクターも、やはり精神神経科に通院する羽目になったという。もちろん、これらの因果関係についても定かではないのだが。

④鎌倉「まんだら堂」での憑依

かつて私は霊姿目撃の因果関係の調査、検証を行うために、群馬県高崎市在住の霊能力者、渡辺薫龍師の協力を得て、関東近県の自殺スポットや心中場所、処刑場跡、トンネル、ダム、湖など、いわゆる心霊スポットを取材で巡ったことがあった。

このような場所は、いずれも不条理に非業の死を遂げた無念の思いが残留するといわれる場所である。地縛霊や浮遊霊といった成仏できない未浄化霊が、霊界に行けないまま幽界に留まっている姿が霊感のある人や霊能力者には視えるという。幽界にさ迷って成仏できない死者の霊が、ときに供養を懇願して出現するのだ。また自殺の多発現場では、気分が落ち込んでいる人の波動と同調して、自殺へと誘う邪霊となることもあるといわれている。

私自身の憑依体験について語ろう。かつての鎌倉時代の葬祭遺跡が今もそのまま残っている場所に潜入した際のことだ。やぐらとよばれる中世の墳墓の洞穴に、蜘蛛《くも》の巣がまるで外来者の侵入を拒むかのように張り巡らされていた。その禁断の地に好奇心に掻き立てられた私は、無法者のように侵入を試みたのだった。

そこには五輪塔のような墓石が苔むして幾重にも並んでいた。鎌倉時代にタイムスリップしたような場所で、今にも亡霊でも現れそうな雰囲気だった。私は固唾を飲んでカメラのシャッターを切った。

背丈以上に生い茂ったススキを掻き分け、やっと外へ出ようとした時、ぬかるみに足を滑らせて転んでしまった。カメラは腕で支え無事だったが、衣服が泥だらけになってしまった。幸いにも同行していた友人の家で身を整えさせてもらえたものの、私は這う這うの体で帰宅することとなった。

それから何日経っただろうか。日が経つにつれ、なにやら腕が痺れてくるではないか。医者に診てもらったが、痺れは増すばかりで一向に良くならない。そこで霊感のある人に相談してみると「霊の憑依ではないか」との指摘を受け、内心穏やかでなかった。

私は意を決して除霊、浄霊（除霊とは、身体に憑依した霊を取り除くこと。浄霊とは、取り除いた霊を納得させて霊界に上げて成仏させてあげることを指す）では他の追随を許さない渡辺薫龍師に電話をかけてみることにした。その際、あえて詳細を話さずに、久々にお会いしたいとだけ伝えておくことにした。私は人が悪く、霊能力者を試す癖があった。詳細を伏せたのも、渡辺師を試してやろうという魂胆からである。

翌朝、渡辺師のもとを訪ねた。すると彼女は、玄関でお会いするや否や、

「どこへ行かれました？　今あなたの傍に、兜に鎧姿の武将が怒りの形相で立っています」

と私のすぐ横を指差した。ズバリ、鎧を着た武将といえば、鎌倉の武将である。やはり罰が当たったのだろうか……。

「実は先日、鎌倉の禁断の地に立ち入り、出口で転んでから手が痺れておりまして。

日増しに痛みが大きくなっているんですが、医者に行っても治らない。そこで先生に除霊をお願いしたいと伺った次第です」

と、私は正直に告白した。

「武将の霊はとても怒っているようです。それが原因ですよ」

ご挨拶も程々に部屋に上がると、

「直ちに除霊をしましょう」

と、渡辺師は私の背中に向かって九字を切り、気合を込めて除霊をしてくださった。

その時間はわずか4、5分程度であった。

翌日、あらためて渡辺師のもとを訪れた頃には、すっかり痺れも引いていた。

「除霊だけでなく浄霊も行っておきました」

という渡辺師の言葉を聞いて、渡辺師の除霊、浄霊の力は確かであると実感した。

⑤フランス、ロワールの古城巡り

フランスの中部ロワール川の流域には、中世期の王家や要塞の城などが建ち並ぶ。

貴族たちは皆競って城を建てたこの地は、約160年間、フランスの政治や文化の中心地だった。当時華やかな絵巻を繰り広げたこの地の古城は、今では世界遺産に登録されており、栄華盛衰を物語っている。

かつて私はこのロワール地方の古城にまつわるミステリーを取材して、番組の企画を考えていた。古城は実に300ほどもあると聞いていたが、中でも有名なシャンボール城やシュノンソー城、アンボワーズ城などには、愛と憎しみの秘められた物語があるという。

ある城では王が愛人を寵愛して、王妃の憎しみを買っていた。その後、王が亡くなり、王妃と愛人の確執から、王妃は愛人を独房に押し込み虐待した。愛人は衣服をはぎ取られ、全裸のまま城の軒先に逆さ吊りにされたのだそうだ。

古城にまつわる愛憎物語を取材して帰社した私は、翌日には期首のスペシャル番組である「トリック」というマジック・ショーの実演場所を選定することになっていた。しかし広さや地の利などの問題から、なかなか決まらず迷っていたのだった。

ロケ地に向かう道すがら交通違反の切符を切られるというハプニングもあり、その日私は嫌な予感をひしひしと感じていた。ロケ終了が夜10時を過ぎる恐れがあったため、若いエキストラを帰した後、いよいよ大掛かりな装置を用いて地上８メートル上にアイドルが乗ったオートバイを吊るすという撮影を行った。事件はこの時に起きた。当然命綱も準備していたのだが、これを装着し忘れたままオートバイが吊り上げられたため、タレントが落下してしまったのだ。直ちに怪我の程度を確認して、救急車を呼び緊急入院の手配を取り、同時に所轄の警察署にも連絡した。幸い命に別状はなく済んだ。

私は責任者として警察署に赴き、取調室で調書の事情聴取を受けた。怪我人は当時の人気タレントであったが故に翌日のスポーツ紙にも大きく取り上げられた。私は毎日タレントの入院する病院へ見舞いに行ったが、その後数日間は、多数のファンからの抗議の電話が鳴り続け、郵便では抗議の手紙の他に剃刀の刃までもが送り付けられる事態となった。

結局、怪我そのものは腕だけで済んだのだが、知り合いの霊能力者が心配して祈祷してくれた。その際、私がロワールの古城から憑依霊を連れて来たのだと言われ、除霊、浄霊してもらった覚えがある。

タレントも半月余りで退院でき、後遺症はなかった。私はやっと胸を撫でおろすことができたのだが、数週間後、例のトリックの装置を考えていたマジシャンが、人身事故を起こし車も大破するという大惨事が起きた。

はっきりした因果関係は定かでないが、仕事がスムーズに運ばない時には、何かが災いしている可能性が高いのである。

*憑依と除霊、浄霊について

（1）憑依とは何か

生霊や死霊、動物霊などが、他人の体内に乗り移り、その人に精神的、肉体的な異常を引き起こすことを憑依という。憑依により奇異な言動を伴う制御不能な状態になったり、病気になったりする人もいる。ただしシャーマンや霊媒のように、憑依されても言動が制御できる人もいる。

（2）憑依現象の原因

憑依現象の原因については、精神医学、心理学、心霊研究の3つの観点から考察することができる。

（ア）精神医学では、感応精神病の妄想型、あるいは病的ヒステリー性人格乖離《かいり》とみなす。

（イ）心理学では、二重人格や多重人格者の現れで、暗示作用によるものであるとみなす。

（ウ）心霊研究においては霊的な憑依現象とみなし、霊魂が他人に憑依し、その波動（意識）が同調して、霊的な訴えが憑依現象を引き起こしているとされる。

（3）憑依霊の種類

生霊と未浄化霊とでは憑依の動機が異なる。生霊は、生きている人間が他人に対して抱いた恨み、嫉《そね》み、憎しみといった精神的邪心のエネルギーが発露したものだ。

では未浄化霊とは何か。今生に未練を残したり、自ら命を絶ったり、突発的な事故や殺害に遭って死んだ人間は、自己の死を理解できないことがある。

また悪事を働いた者などは成仏できず霊界に入れず幽界に留まり、ときには幽霊になってこの世にさ迷う。こういった浮遊霊、地縛霊をまとめて未浄化霊とよぶ。未浄化霊は何とかして成仏したいために憑依霊になって人に憑くのである。

（4）憑依現象による霊障の症状

憑依を受けた人は心身ともに奇異な言動を発し、異常行動を伴うことがある。以下にそれらの症状をまとめる。

（ア）身体的症状……原因不明の身体の痛み、肩こり、怠《だる》さ、悪寒、吐き気など。

（イ）精神的症状……恐怖感、不安感、うつ状態、対人恐怖症、感情の激高など。

（ウ）行動面……交通事故、酒乱状態、色情狂、暴力などの異常行動など。

（5）霊に憑かれやすいタイプ

生まれつき霊感のある人は霊と波動が同調しやすく、憑依霊の標的になりやすいが、それ以外にも霊に憑かれやすいタイプというものがある。
・優しくて同情心が厚く、哀れみ深いタイプ。
・霊に対して関心が深いが、病院、墓地が苦手なタイプ。
・思い込みが強く、暗示にかかりやすいタイプ。
・意志が弱く、人に依存しやすいタイプ。
・一日中ぼーっとしていて緊張感なく過ごしているタイプ。

（６）除霊とは

除霊とは、人間や物に憑いた未浄化霊の霊魂を取り除くことを指す。一般的には、霊能力があり、特にそれらを得意とする能力者に除霊、浄霊を行ってもらうとよい。除霊には長い時間がかかることは少ない。浄霊においては霊能力者が憑依霊に対して、死を自覚させて霊界に上がるように納得させることが大切である。その後霊魂が浄化するよう経典を唱え成仏を祈祷する。なお、除霊、浄霊を霊能力者に依頼する際には、金品目当ての自称能力者に騙されないように注意しなければならない。

以下に一般的な除霊法、あるいは霊を寄せ付けないための対策をまとめる。

- 般若心経、祓い言葉を唱え祈る。
- 憑依しているものを洗い清めるイメージでマントラ、オーブを唱える。
- 九字《くじ》を切る（＊）。
- 低い波動と同調しないように、明るく大いに笑う習慣をつける。
- 塩風呂（粗塩100～200g）、または酒風呂（日本酒1～2合）につかる。
- イメージトレーニングを行う。
- 護符、お守りや粗塩を懐に入れておく。

＊九字を切る……①から⑨まで縦、横を交互に気合を入れて手刀で切ることを指す。

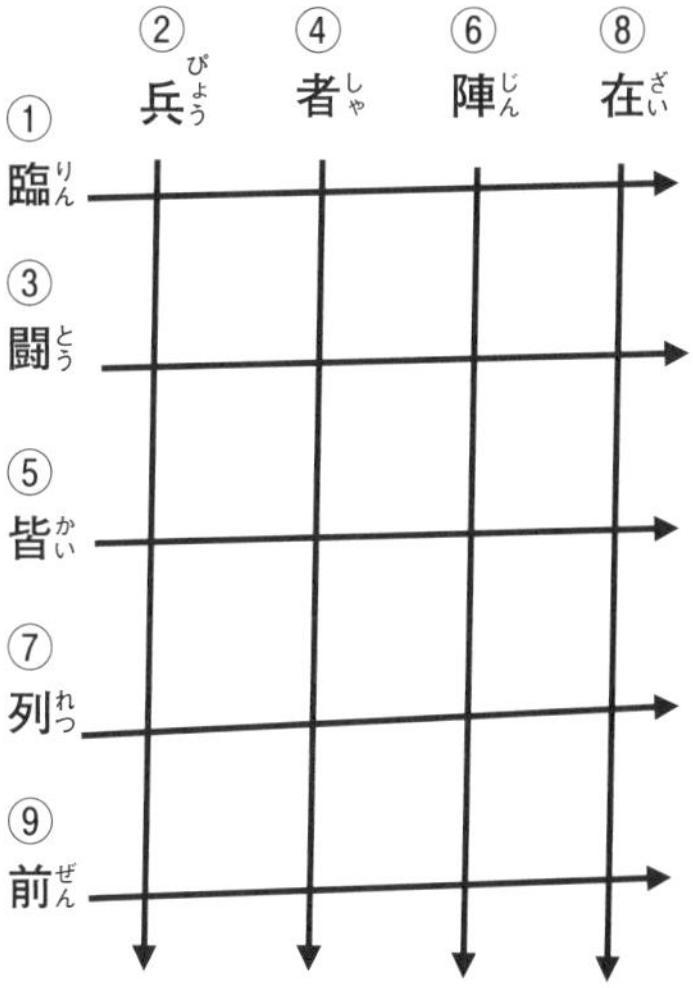
②
兵《ぴょう》
④
者《しゃ》
⑥
陣《じん》
⑧
在《ざい》
①
臨《りん》
③
闘《とう》
⑤
皆《かい》
⑦
列《れつ》
⑨
前《ぜん》

九字を切る

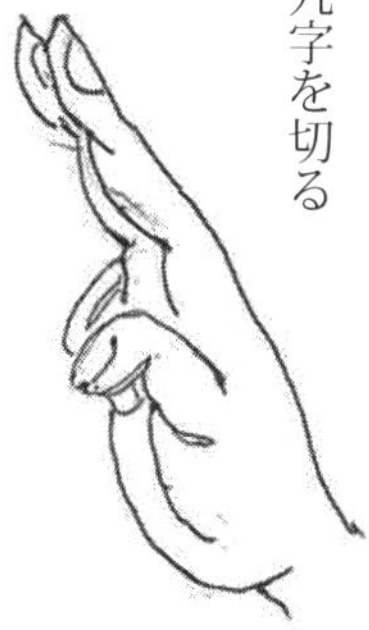

刀印

第5章

因縁・因果応報とは？

①先祖の因縁とは

「積善の家には余慶あり、積悪の家には余殃《よおう》あり」と易経にある。

世のため、人のために善行を行った人の子孫には、必ず慶び事が続くものだが、悪事を積み重ねた人の子孫には、その報いとして災いが続くという戒めがある。

昔、東北のある篤志家が貧しい家庭の子らに学費を援助して、世のため人のために貢献した。その先祖の積善から子孫たちはよい伴侶や孫たちにも恵まれ、各々幸せな家庭を築いたという。逆に、先祖は鎌倉時代からの有力な武士であったが、農民一揆で貧民を苦しめていたという家系であった。その家系の子孫は、兄弟間の争いから長く続いた家系が昭和で断絶の憂き目に遭ったという。

昔から、先祖の因縁は七代祟るなどといわれている。この言葉を額面どおりに受け取る現代人は多くないだろうが、しかし科学や理屈では説明のつかないケースもあるのは事実だ。

例えば、我が家の家系は男子が育たないとか、なぜか結婚に縁遠いとか、昔から土地や家の争いが絶えないとか、一族になぜか不慮の事故や災難が多いとか、後継ぎができないだとか、代々さまざまな問題を抱えている家系がある。特に武士や、豪商だった家系の子孫といった、先祖が強欲で人の土地を巻きあげ怨みを買って財を築いた家系などに多くあるケースだ。某教団によれば、「先祖の呪いを解く儀式で４３０代前の先祖まで解怨せよ」と述べるが、縄文時代まで遡らねばならなくなり、ナンセンスである。

これらすべての原因が先祖の因縁によるものだと断定するのは、悪徳霊能力者のよくある騙しの手口だ。しかし、もし理屈に合わないことが起きていて、その原因に心当たりがあるのならば、他人任せではなく子孫である自分自身の手でその因果の種を取り除くことが、次の世代に禍根を残さないためにも賢明な策といえるだろう。先祖の因縁は簡単には解消できるものではないが、どうにかして自分の代で終わらせたいものだ。

ではそういった自身に不幸が及ぶような因縁は、一体どうしたら解消できるのだろうか。因縁にも千差万別あるが、因縁の種のほとんどは先祖が人の怨みや妬みを買ったことによるもののようだ。その怨み、妬みの念を強く持ち続けている人が死ぬと、その死霊の想念は、相手の家系の子孫にまで及ぶのである。怨まれた者の子孫にとっでは、代が替われば誰に恨まれているのかもわからない場合が多い。しかしその場合でも、因縁を解消するために大切なのは、子孫が先祖になり代わって相手方にお詫びをすることである。またこのように相手の邪念に対して深く詫びることは、生霊にも効果がある。

さらに人の役に立つこと、端的に言えばお金を寄付するとか、困った人の手助けをするとかいったことも重要だ。そうした奉仕の精神を持ち、実践を心がけることが、先祖への怨み、妬みの因縁解消につながり、さらには自分の魂の向上の一助にもなる。

また、そもそも先祖の供養というものを疎かにしている場合にも、その家系には災難が降りかかるものだ。とある会社の社長は先祖の墓を立派に建てたものの、墓守をつけるだけで、自分は忙しいからと供養は他人任せであった。その結果、家運没落の憂き目に遭ってしまったのである。

一般家庭で行う供養は、先祖を祀る「追善供養」だ。親戚子孫一同が参会し、僧侶に読経してもらい、死者を成仏へと導く。死者の霊はその生前の業によって苦界に落ちるとされるが、こうした苦しみや迷っている霊を供養により子孫たちが救ってやるというわけだ。今生きている子孫が死んだ先祖のために、法要を営み、布施をし、善行を積み、自らの善行を先祖霊に施すのである。本来、布施なども同様に、見返りを求めることは戒めねばならないことではある。とはいえ、先祖霊に対して子孫が罪障消滅供養や因縁消滅供養を正しく行えば、先祖はそのような子孫を守護霊導してくれることだろう。

②前世の因縁とは？

人が死んでも何度も生まれ変わることを「輪廻転生」という。古くは古代インドのヒンズー教やギリシャ、さらにはイスラム教の一部で見られる考え方だった。一方で、キリスト教では人は死ぬと天国か地獄に行くと考えられていて、生まれ変わりはないとされている。

輪廻転生の考え方によれば、太古から人は何百回も生と死を繰り返しており、それもある時は女、ある時は男として生まれ変わってきたのだという。しかし生まれ変わりなど、過去世や未来世といったものなど果たして本当にあるのだろうか。

ある時、私は精神神経科病院の院長をしている知人から「生まれ変わりがわかるという不思議な患者がいるので会ってみないか」と誘われた。二つ返事で会ってみたその人物は当時30代くらいで、患者とは言いつつも、随分と真っ当な話ができる男であった。

そんな彼に初対面でいきなり「あなたは中国の雲南省で過去に僧侶をやっていた」と言われたのには、実に驚いた。なぜなら私は1980年頃、中国の雲南省へ外国人として入国した第一号であったからだ。それはドキュメンタリーの撮影が目的だった。入国して足を踏み入れたその村には稲作の田園風景が広がっていて、私はなぜか日本の原風景を思い浮かべてしまった。とても懐かしい感情があふれ出し、気が付けば涙が自然と頬を伝わっていた。現地ではシーサンパンナとよばれている。中国南部の奥地でメコン川沿いにラオス、ベトナム、ミャンマーに近接し、一年中春のような温暖な気候で主に少数民族が暮らしていた。日本の稲作のルーツともいわれており、確かに日本語と共通する呼び方がいくつもあった。帰り際に現地人から筆を借りて、「我想有一天再来」と漢文で色紙に書き残してきたのだった。加えて、実は私は肉を一切食べないし、酒、賭け事なども行わず、朝はお経を唱えている。私は過去世では確かに坊主だったのかもしれない、と自分でも納得した。

人はなぜ幾度もこの世に生まれ変わるのだろうか？　何度も現世で修行を積んで、いつか悟りの境地に至ったならば、仏教でいう涅槃《ねはん》に至る。そうなれば現世での修行は終わり、再び生まれ変わることがない光の世界に到達するという。

生まれ変わりに関する近年の研究では、子どもは自分で親を選んでこの世へ修行に来るのだという説がある。何の因果か、前世で親を殺してしまうとその因果が巡り巡って、この世では親に虐待を受けたり、殺されたりすることもあるらしい。また前世では子沢山だった者は、もう十分だと感じて今の世では子どもを授からないといったこともあるという。さらには前世で親子だった者たちの間で、今度は子が親になり、親が子になるという逆転現象が生じることもある。

大切なことは、前世で他人に善い行いを施せば、因果応報で善行が貯金となり、現世では果報に恵まれるということだ。したがって善因善果、悪因悪果という法則が成り立つのである。

③土地、家屋の因縁とは？

土地の因縁

日本の国土面積はおよそ38万平方キロメートルで、数字の上ではドイツと同程度の広さを持つ。しかし、その多くが山地であり、森林や農地などを除いた宅地面積は1・89万平方キロメートルだ。これは総面積の約５％に過ぎない。

限られた土地を最大限有効活用していく中で、我々は知らず知らずのうちに古代の遺跡や合戦があった場所にも住むようになった。近年の宅地造成により、そういったケースは増え続け、かつては神社仏閣や祠、墓地、処刑場であった場所なども、今ではその多くが住宅地となっている。

これらの跡地は、浄化されていない地縛霊たちが未だもがいている土地でもある。この地で彼らは救いを求めているわけだが、そこで訴えを叫んでいるのは地縛霊だけとは限らない。

祠や聖域であった跡地には、それなりの神霊がおられる。無作法にもその上に家を建てた結果、その怒りに触れてしまったというのもよくある話である。かつて古墳のあった地に新築の豪邸を建てたある有名人が、働き盛りで急逝したとマスコミに報じられたこともあった。

そこがどういった因縁を持つ土地であるかは、古地図や地域の図書館で、その土地の故事来歴や災害、戦災などの状態を調査することで推測できる。先に述べた神仏の祭祀の跡地、古墳や墓地、処刑場などに利用されていた土地のほかにも、殺人事件や火災などが起きた現場も要注意である。また、三角形の狭い土地や雨水が溜まる土地、日陰で暗く風通しの悪い土地などもよくない因縁を持っていることが多い。なんとなく感じた嫌な印象というのも、決して無視できないものだ。

土地の因縁にまつわる逸話で有名なものといえば、平将門の首塚だろう。この首塚は東京のど真ん中、大手のビルが立ち並ぶ一角に、取り残されたように存在している。戦後、進駐軍がこの土地をブルドーザーで工事していたところ、人身事故が起きて中止となったという。これが将門の祟りだと恐れられ、この土地は都会の一等地であるにもかかわらず、今や将門の供養碑が祀られているのみとなっている。

私が行ってきたテレビの取材の中で、今でも鮮明に記憶に残っている話がある。

ある地方で800年も続いた素封家の大学教授が、嫡子がなく絶家の憂き目を見ており、悩んだ彼は私と仕事仲間のディレクターのもとに相談を寄せてきた。そこで私たちは霊的な方向からこの原因を探り、テレビの視聴者にも一家断絶の原因を知らしめようと考えたのである。

その協力者として、先に紹介した行者で霊能力者の清水一誠師を頼ったところ、清水師はディレクターに以下の点を指摘した。

①その大学教授の屋敷には古井戸があるはずだ。その井戸で昔の当主にはらまされた女性が飛び込み自殺をしている。
②100年前、その一帯は大火に遭い、屋敷も類焼している。
③仏壇内に古い先祖からの位牌が雑然と重ねられ粗末にされている。
④墓も荒れて、菩提寺での先祖供養はほとんどされていない。

その後実際に取材を行ったところ、埋められてはいたものの、確かに屋敷内のやぶの中に古井戸があった。また、明治の初期にこの付近が大火に遭っていたことも、仏壇に古い位牌が重ねて置かれ、蜘蛛の巣が張っていたことも確認できた。さらに菩提寺の住職の話では、先代の当主から墓参りがないのだという。

井戸に身を投げた女性については詳細を確認できなかったが、結局、その家の先祖が人の恨みを買い、それが宿縁、宿業となったという話だったのだ。子孫による先祖の供養や因縁解消が全くなされていなかったがゆえに、跡継ぎに恵まれないという報いを受けていたのである。見事に霊視は的中し、原因の究明がなされたわけだが、しかし事態は既に手遅れであったようだ。その家は東京近県に位置し、この家の所有する土地をまたがずに東京に出てくることは難しいといわれるほどの資産家だったが、代々続いたこの家も絶家となってしまった。

現代において都会で井戸を見かけることはほとんどなくなったが、井戸にまつわる恐ろしい逸話は多い。一流企業の重役を退任したある男性が、読書三昧でもして余生を送ろうとしていた。合理主義に徹していた彼は、方位学や家相などを迷信だと決めつけ、庭にあった古井戸も改築の際に何の祭りごともせずに埋めたてさせた。結果、彼は上棟式の日に黄疸《おうたん》を訴えて検査のために入院する羽目になり、さらには工事が終わるその日に帰らぬ人となってしまった。死因は肝臓ガンだったという。因縁は無常なものである。

このような土地を浄化するには供養祭や慰霊碑が必要となる。土地の土を入れ替える換土法などもあるが、工事が大変なので、必ず神仏の祭祀者を呼んで、しっかりと祭祀、慰霊祭などを行うことが望ましい。

住まいを決める際にも要注意！

私は東京の都心の国会議事堂や官庁街近くの地で生まれた。この付近は五・一五事件や二・二六の殺傷事件があった場所で、今でも首相官邸辺りでは幽霊が出るという噂がある。10年ほど前には国会議事堂の庭で、ある国会議員とともに鎮魂のお札を埋めたこともあった。

このように現代でも都内には幽霊に関するさまざまな噂がある。例えば江戸三大処刑場跡地の鈴ヶ森や北千住、都心に位置する将門塚や、大伝馬町の座敷牢跡、震災記念堂、巣鴨プリズン、隅田川沿い、第三台場、芝公園など、挙げていけばきりがない。私もかつて霊能力者を伴って取材したことがあるが、これらの土地は今では公園などの公共の施設に変わっていることが多い。しかし関東大震災や戦時中の爆撃で多数犠牲者が出た場所であるからだろうか、幽霊の目撃談というものはいまだ絶えることがない。こうした土地にまつわる因縁について調べてみると、しっかりと犠牲者の供養をしている所といない所では、やはり違いがあるように思われた。

そこが因縁の土地であると知らずに家を建てて住み着いた結果、居住者が何らかの被害に見舞われるといったケースもある。

東京郊外に戦後から芝生の栽培地として利用されていた土地がある。やがてこの土地でも住宅の建て売りが始まったのだが、青々とした芝生の広々とした栽培地なこともあり、人気が高く瞬く間に完売したという。かくいう私もこの建て売りを購入した中の一人だったのだが、その家には寝ると必ず金縛りになるという不思議な部屋があった。さらには住み着いて間もなく次々と家族が体調を崩し、私自身も病名が定かではない奇病を患ってしまった。私を診た医者によれば「お宅のある一角は変な病気がやたらと多い」のだという。

どうにも奇妙だと感じていたある日、知り合いの霊能力者が我が家に来て「お宅の前の道路には若い女性たちがふらふらとさ迷っている姿が見える」と言うではないか。もしやと思った私は早速役所で土地の来歴を調べてみた。すると昔自転車工場があったこの場所は、戦時中は軍需工場として利用され、そこでは多くの女学生が勤労動員で働かされていたことがわかった。そして勤労中に爆撃に遭い、多くの女学生たちがここで命を落としていたのだ。しかし戦後、彼女たちは供養されることもなく、慰霊碑も建てられることがないまま、歳月の経過とともに人々の記憶から忘れ去られていった。

結局私は早々にこの土地から引っ越すことにした。それ以来、引っ越し先に関する土地の来歴や風水害などの有無を徹底的に調べることにしている。古墳跡や古戦場跡、処刑場、墓地、あるいは震災地や戦災の犠牲となった土地に、殺人事件のあった場所など、そのような陰気な場所に住むことはやはり避けたいものだ。

とはいえ、これは個人の感じ方の問題だ。感受性には個人差があり、そういったものを敏感に感じる人と何も感じない人がいる。知らぬが仏というわけではないが、後者のような人にとっては関係のない話なのかもしれない。

④呪いの石碑か？　「しらぬたの池」のミステリー

「触ると気がおかしくなり、精神的な病に取り憑かれる」と噂される謎の石碑がある。伊豆天城高原の山中、鬱蒼《うっそう》とした雑木林に囲まれたとある池のほとりにその石碑は建っていた。

　地元の人間も詳細を知らないというその石碑について、私たちの制作スタッフの一人が「俺が調べに行ってくる」と勇んで出かけていったことがある。彼が地元で取材してきた話によると、「しらぬたの池」とよばれるこの池の周りでは戦時中、密かに強制労働をさせられている人たちがいた。しかしその詳細は秘密にされており、彼らが何をしていたのかは誰にも明かされていなかった。そして戦争が終結すると、彼らもまた忽然と姿を消したのだという。池に沈められたのだという噂も流れ、この石碑もその際に建てられたのではないかとされているが、その真相を知る者は誰もいない。しかし、その後この石碑を触った村人が、精神を病み入院する羽目になったことがあったという。

　しかしそのスタッフはどうにもやんちゃな男で、「こんなの触ったってどうってことないよ」と実際にその石碑にも手で触れてきたのだった。彼の話を聞いて俄然興味を惹かれた私たちは、この石碑と「しらぬたの池」の謎に迫るために撮影取材をすることにした。撮影中、深閑として訪れる人もいなさそうな森の中、確かに私たちの他には誰もいないはずなのに、音声係が奇妙な声を拾ったという。とはいえここは山中だ。獣やカエル、虫などの声を拾っただけということもありうる。私たちはそれ以上その件を追求することはなかった。しかし実際に問題の石碑を目にしたとき、私たちはその気味の悪さに思わず言葉を失った。とてもじゃないがこれには触れない、そう判断した私たちは撮影を切り上げその場を後にしたのだった。

それからしばらくたったある日、例のスタッフの身に異変が生じ始めた。出勤の際に電車内でめまいがしてたびたび途中下車せざるを得なくなったのだという。会社でも不自然に時計を気にしだし、何やら支離滅裂なことを言いだすようになった。神経科医院で診療を受けた結果、彼は不安神経症に陥っているとのことだったのだが、これがあの石碑と関係しているのかどうかはわからない。そこで霊能力者に相談をしてみたところ、やはり霊的な憑依を受けたのではないかという話であったのだが、本人はそれを認めたがらなかった。

結局彼は入院することになり、退院後は別の部署への配転となった。私も定年退職してしまい彼のその後については詳しく知る機会がなかったのだが、後に聞いた話によればやんちゃだった彼はあれ以来どこか元気がなく、定年を待たず退社してそのまま亡くなってしまったのだという。私は責任を痛感しご遺族の元にお悔やみを伝えたが、やはり彼がそうなってしまった原因は定かではないということであった。

⑤因縁物（刀剣、お面、壺、石、人形、形見分け～江戸の振袖火事）

明暦3年1月、江戸の大半が灰燼《かいじん》に帰したという、江戸三大火事の一つ、「明暦の大火」が起きた。これはとあるエピソードから別名「振袖火事」ともよばれ、歌舞伎や講談などでも演じられている。

ある若い娘が美男の寺の小姓に一目惚れをする。娘は彼に恋い焦がれるあまり食事も喉を通らなくなり、ついには病に伏して亡くなってしまった。不憫《ふびん》に思った両親は娘の棺に彼女の振袖をかけて葬ったのだが、住職はその振袖を質屋に出してしまう。ところがその振袖を買った娘もまた同じ年ごろで亡くなり、さらに同様に振袖を手に入れた別の娘もまた同じ年ごろで亡くなった。そこでこの振袖はおかしいと本妙寺の僧侶が供養のためにお焚き上げをしたところ、火のついた振袖が舞い上がり、それが元で江戸が大火となったという。これは今に伝えられる有名な因縁話である。

今日でも親しい人の遺品を形見分けする習わしがあるが、故人の愛着の品には思念が残るともいわれる。死んだ人の病によっては時に敬遠されることもあるだろう。また人を斬った刀剣や、あるいは人形などにはその物それ自体に霊魂が宿るとも言われている。

京都の人形寺で有名な宝鏡寺の庵主のお話では、夜ごと人形が話をしたり、座敷を歩き回ったりすることがあるという。また和歌山県の人形供養で知られる淡嶋神社では、供養のための人形がおよそ2万体もあり、毎年盛大にお焚き上げして人形供養を行っている。

人形の他にも、因縁のお面というものもある。福井県吉崎御坊の願慶寺《がんけいじ》には「肉付きの面」という奇怪な面が存在する。ある姑が鬼の面をかぶって嫁を脅そうと思っていた。ところがその面をかぶったところ、顔から面が外れなくなってしまったのだという。無理に外そうとすると顔から肉が離れていってしまいそうになるというその面は、「嫁威《おど》しの面」の因縁談ともなっている。

壺とか石にも因縁が憑くとか言われている。特に河原から持ってきた奇石を磨いて床の間などの置物にする人がいるが、このような石は無暗に拾ってこない方が賢明である。なぜなら、昔は庶民が死ぬと遺体を河川に流す習わしがあったからだ。その際に故人にまつわる因縁がそれらの石に染みついてしまうのだという。

またこういった例もある。富士五湖周辺には有史以前に富士山が大爆発した際の痕跡がみられる。富士山の裾野に住んでいた人が、火山の泥流に巻き込まれて人面の化石となってしまったのだ。イタリアのポンペイの遺跡と同様に大爆発の証拠となるこの「人面溶岩」であるが、それを家の床の間に飾った人が奇病により亡くなったのだという。その後もその石の持ち主となった人がまた奇病で亡くなり、「人面溶岩」はついにお寺へと奉納された。魂が宿るといえば宝石なども同様だ。アメリカのスミソニアン博物館に収められている世界で一番大きなダイヤモンド「ホープダイヤ」もまた、怪奇な因縁話があることで有名だ。

物には作り手の思念や魂が宿るというし、人の愛玩物には思念が残るともいう。書画、骨とう品などもよい思念であるならばよいが、不慮の事故で亡くなった者の愛玩物であるならば、その扱いには一考を要するであろう。

⑥守護霊の導き、偶然と必然

今から50年前、日蓮宗の僧侶で若い頃に荒行を修め、時々テレビにも出演しているという当時60代の職能霊能力者に偶然出会った。

彼は初対面で私にこう言った。

「あなたの背後には神様に仕えたご先祖が見える。山の神社で神主をした人だ。滝行の指導や霊能相談を受けていたお方のようだ」

当時、私は報道に勤務しており、証拠がなければ素直には信用できない性分だった。

「その私の先祖とは、父方ですか？　母方ですか？」

と聞き返すと、

「父方です。白髪でお顔はやや細面。ひげを生やして仙人のような杖を持っている。筆を得意として、運勢を見たりしていたようです」

「その先祖は、なぜ私に憑いているのでしょうか」

そう尋ねると霊能力者は私を凝視して、

「この方はあなたの守護霊で、霊能にとても関心を持っていた方です。だが心半ばにして他界したので、それを子孫のあなたに託したのです」

と言った。私は益々その真偽を確かめたいと、さらに質問した。

「私の守護霊とかいう先祖は、何代くらい前の人でしょうか」

「恐らく3～4代前の江戸時代の人でしょうね。優しい人柄のようだが芯は強い方だ。そのご先祖について調べてみると詳しいことがわかるかもしれません」

と、先を読まれてしまった。この霊能僧も人当たりは良さそうだが、目はなかなかに鋭かった。

自分の「守護霊」なんて初めて言われたので、直ちに調べてみたい衝動に駆られた。当時存命だった父にこの先祖の心当たりについて訊いてみると、

「恐らく自分の母親方の祖父ではないかと思う。母親の実家は奥多摩の武蔵御嶽神社の神主であり、家は宿坊もしている。母は文久元年生まれで、その父親だったら正しく江戸の生まれだ。子どもの頃に会った記憶がある。滝行の話も聞いたことがある。神主だから達筆で、昔は字が書けない人も多かったので代筆などもしていたと聞く。御岳山には滝が2つあり、霊感の話も聞いたことがある」

とのことだった。もっとも、父は霊感になど全く興味がない現実的人間だったが。

「今もその子孫が跡を継いでいるので、確かめたいなら調べてこい」

という父の言葉にしたがい、私はその子孫である今の当主に会いに行った。

今の当主は父より若かったので、年代的にその曽祖父とは会ったことがなかったが、滝行や霊感の話などは伝え聞いていた。居間の欄間の上に、信者から寄進されたという曽祖父の人物画が飾られていた。やはりひげを生やして細面の顔付きだった。

私が霊能力に強い関心を持ったのは、その先祖の願いを託されたからなのだろうか。

確かに、私は神社にも興味を持ち、今までに全国120か所の神社を巡って『ご利益さま』という本も出版している。実はそんな神社巡りにまつわる不思議な話がある。

当時、私にはどうしても行きたい神社があった。その神社は知る人ぞ知るという山奥の神社で、そこの神様からよばれないと、その神社には行きたくとも行けないのだという。

実際、私は親戚らと観光を兼ねて、その神社に行くつもりで航空便から旅館まで予約していた。ところが思いもよらず、その二日前に娘が出産をし、急遽、旅行をキャンセルする羽目となった。また3年経って、再度旅行に行く手配をしていたところ、今度は婿が緊急入院することになり、またもや中止せざるを得なかった。

その後、各地の神社巡りをしている仲間たちから、伊勢から紀伊半島に至る神社巡りに行くという話を聞き、私も車に便乗させてもらうことになった。

この旅の目的地こそが、知る人ぞ知る「玉置《たまき》神社」だった。ここは観光目的では行くことができない神社ともいわれており、古くから修験道の人たちの修行のための神聖な場所であった。軽い気持ちで訪れようと思っても、神様から拒否されることがあるらしい。

このときのコースは、天孫降臨の際に、高天原から伊勢に道案内をされたという猿田彦神社から、日本最古の花窟《はなのいわや》神社、熊野本宮大社や天河辨《べんざい》財天社に詣で、そして最終的に念願の玉置神社へ至るというものだった。旅は順調そのもので、何かに導かれるかのようにスムーズに参拝ができた。まさに三度目の正直だった。

ここでも偶然、玉置神社の下方に私の先祖筋にあたる鈴木という本家があり、徳川家康が江戸城に入る際にこの玉置神社で修行した修験者であったことや、武士であった先祖が先導役として随行したといった話を聞いた。

偶然はそれだけではない。書店でなんとなく手にした『神坐す山の物語』という本、その本をめくると、なぜかいきなり親戚の覚えのある名が載っていた。

早速、買って読んでみると、これまた偶然にも御岳山の宿坊の話に、かの曽祖父と思われる霊能力者の話が載っているではないか。著者は直木賞作家の浅田次郎だった。後に知ったが彼と私は又いとこに当たり、先祖を同じくしていたのだった。今まで彼の小説を愛読していた私はとても驚いた。

スイスの心理学者、カール・グスタフ・ユングの深層心理学では、「偶然の一致」というのは、「共時性」とも訳されて、「因果の理法」を超えた意味ある偶然の一致と定義されている。偶然と思われるが、実は無意識による意味ある必然なのだという。

そう考えてみると、初対面での霊能僧との出会いから始まり、曽祖父による守護霊の導きや玉置神社への三度目の正直、書店で何気なく手にした書籍に曽祖父のことが浅田次郎によって書かれていたこと等々、偶然と思われていたことが、実は必然的な計らいだったのかもしれないと思えてくるのだった。

＊守護霊について

「守護霊」とはその人の背後について身を守ってくれる背後霊のことだ。

特に祖霊における「守護霊」は先祖がついていて、善い行いをすれば善霊の守護霊がついて身を守ってくれるという。これは日本だけでなく、欧米においても同様の考え方がなされており、災害時や身の危機の際には、守護霊が何らかの方法で事前に知らせてくれるともいわれている。私の守護霊については先に述べたとおりだが、実は私はこの先祖の守護霊に守られて九死に一生を得た経験がある。

１９６６年（昭和41年）２月、札幌の雪まつりを全国放送でテレビ中継する予定があった。折角、札幌に行くのだから放送の翌日はゆっくり観光して帰ろうと、他のスタッフとも札幌行きを楽しみにしていた。ところがそんなある日、私はどこかから落下するような不吉な夢を見た。妙な胸騒ぎを感じた私は急遽予定を変更し、偶然雪まつりと同日に予定されていた京都での取材の仕事に参加することに決めたのだった。そして２月４日の夕刻、全日空のボーイング７２７型機が東京国際空港羽田沖の東京湾に墜落して、乗客乗員１３３人全員が死亡したというニュースを聞いた私は驚嘆した。なぜなら札幌に行ったスタッフがまさにその事故の犠牲となり、帰らぬ人となってしまったからだった。もし一緒に札幌に行っていたら、私も今この世にいなかっただろう。まさに生と死との一線を画した驚嘆すべき出来事であった。霊能力者曰く「守護霊さまに守られましたね」とのことだった。

九死に一生を得た奇跡的な経験はこれだけではない。埼玉県の正丸峠《しょうまる》を軽自動車で運転していた時のことだ。助手席には3歳の娘を膝に抱っこした妻が座っていた。峠に差し掛かった辺りで材木を満載した大型トラックが下から上って来たので、私はすれ違うため路面ギリギリに車を幅寄せした。しかし当時は狭い山道でもガードレールなどなく、端に寄り過ぎた私の車は崖に落下してしまったのだ。幸いにも車は崖の途中の梅の大木に引っ掛かり、親子3人の命は無事助かった。谷底を見ると下まで80メートルほどはあり、もし完全に落下していたら即死だったに違いない。まさに九死に一生の命拾いであった。

これと無理にこじつけるわけではないが、私はいつも、出かける際には必ず家の神棚と仏壇に手を合わせ、各々お守りを身に着けるようにしている。そのおかげで神仏と守護霊のご加護を賜ることができたのではないかと思っている。守護霊は誰にでもついているものなのだろうが、日ごろから祖霊に感謝して手を合わせてこそ、この身を守護してくれるのだと私は考える。

第6章

霊界交信とは？

①赤ちゃん誕生

人は誰でも必ず死ぬ運命にある。どんなにお金持ちでも、どんな権力者であっても、死は絶対に避けることができない。死んだら肉体は灰塵と化してすべて無となると考えるか、肉体という衣を脱ぎ捨て、魂は存続してあの世界へ旅立つと考えるか。どう考えるかは個人の自由だが、この魂の存在が空想や宗教などではなく、事実とするならば、あなたはどう考えるだろうか。

心霊の世界を学び、人間の実体は「魂」であることを知ると、これまでの人生観は変わり、生き方も変わることだろう。人生観とはわかりやすく言えば、「自分はこういう生き方が好きなのだ」という好み、考え方のことだ。人の考え方はさまざまだ。お金、財産、地位や名誉、あるいは異性が好きだという人もいるだろう。一方、人への思いやり、真心、無償の愛というものこそを大切にしたいという人もいるだろう。何を選び、何を大切にして生きていくかは個人の自由だ。しかし、私たちが今世に生かされている意味や人生の使命、目的に気づいたならば、その人生観や生き方は変わるというわけだ。

これは奇妙な心の内の声を聞いたという、私の娘の話だ。ある日、娘が実家である私の家に来て奇妙なことを言った。「なぜかわからないが、3年後にあなたの人生観は変わる」という何者かの神秘的な声が突然心に響いたというのだ。私は「宝くじで大当たりするとか、大金が降って来るとか、そんなことでもあればいいな」と、現金な冗談を飛ばしていた。

その翌年、私は件の霊能力者デコさんの家に娘や知人を連れて行った。その際、「仏壇に赤ちゃんの好きな紙風船や玩具を供えて上げてね」とデコさんがおっしゃった。その意味はわからなかったが、早速、知人がその玩具を私の家に送ってくれた。

それから10か月後の早暁、娘は腹痛を起こし救急車で都立病院に緊急入院した。私たちは病院の緊急治療室に駆けつけた。すると娘は何と産婦人科に入院したのだという。容体もわからず、不安でまんじりともせず病院のベンチに座っていると、看護師さんが台車を引いてやってきた。

「おめでとうございます。娘さんはこんなに健康的な赤ちゃんを産みました」と言うではないか。人違いかとも思ったが、やはり娘で間違いないようだった。

正直、びっくりして、狐に騙されたような、信じられない気持ちだった。というのも、娘は結婚して10年経っても子どもには恵まれず、私たちは孫の誕生を諦めていたのだ。二日前に実家を訪れていた娘は、妊婦のようにお腹が大きくなっていなかったし、誰も娘が妊娠しているとは思っていなかった。それどころか本人や夫さえ妊娠に気づいていなかったようだった。そのため母子手帳もなく、出産準備もなく、生まれた子どもの名前さえ用意していなかったのである。赤子は平均体重だったが、お腹のどこに入っていたのか誰も知る由もなかった。まさに奇跡としか思えないような不思議な出来事であった。

親戚にも電話で伝えたが、誰もが驚く有様だった。早速、必要な産着や湯あみなどの支度を整え病院に駆けつけてくれ、私たちはその奇妙な話で持ち切りとなった。娘はこの子を授かったことに感謝し、確かにその後の人生は大きく変わった。

今やこの子も18歳の少女に成長した。娘と孫の会話を聞いていると、時折、どちらが親かわからなくなるほどに大人びたことを言うこともあるが、娘はそんな我が子を見て目を細めている。

「魂年齢は生まれた年齢ではなく、輪廻転生した魂の年齢によるもの」と、娘は言う。考えるに、子どもは事前に親を選んでおいてから、この世に生まれて来るのかもしれない。ともあれ、娘にとっては宝くじで大当たりするよりも、人生が大きく変わる奇跡的な出来事だった。まさに青天の霹靂《へきれき》だった。

②霊界画家が乗り移り画を描く（ブラジルのガス・パレット）

霊界と交信して絵を描く画家がいる。ブラジルのガス・パレット氏は、霊界のピカソやマチスといった画家と交信し、まるで彼ら本人が描いたかのような作品を完成させる稀有な画家だ。

彼の家を訪れるとそこにはピカソやマチスの絵が並んでおり、私は思わずそれらが本物かどうか尋ねてしまった。しかしそれらの作品はガス・パレット氏が霊界と交信して描いたものなのである。興味を惹かれた私は彼を日本に招き実験を行うことにした。

ガス・パレット氏は霊界の画家を自身に乗り移らせて絵を描く。そのため目で見る必要がないのだ。そこで彼には明かりを消して暗くした部屋で絵を描いてもらった。

すると実験後、そこにあったのは確かにピカソやマチス、ルノワールの絵であった。その作品を目にした美術家の横尾忠則《よこおただのり》氏は、

「目を開いていれば、これくらい描ける。目が見えないで描くっていうのは、ちょっと不思議だね」

とコメントしていた。

③死者の肖像画家（イギリスのコラルポルゲ）

イギリスのコラルポルゲという女性は死者の肖像を描く画家だ。生者を通し、その人物と縁のある故人の肖像を描く。確かに彼が描く肖像画は、故人の生前の写真に写る姿とよく似ている。

私も彼に絵を描いてもらったことがある。その際に描かれた肖像画で私を抱いている腕は恐らく私が生まれた際のお手伝いさんや乳母のものだろうと思うが、その時すでに両親は亡くなっており、確認を取ることはできなかった。

④霊界交信映像（ドイツの物理学者ジエンコフスキー）

京都大学の教授で心霊の研究も行っているカール・ベッカー氏の紹介で、ドイツで霊界と交信しているという物理学者のジエンコフスキーという人に会いに行ったことがある。

テレビの空きチャンネルに呼びかけると、霊界からの映像が映りこむのだという。それは人の顔だったり宇宙の絵だったり、おそらくは故人に関するものなのだろう。

⑤死者との再会（鏡視実験：レイモンド・ムーディーの追試）

アメリカの心理学者、レイモンド・ムーディー氏が行った鏡視実験という実験がある。その実験を通して死者に会えるというのだが、これを私たちで再現したところ、確かに暗室の中で亡くなった母親に会えたという人がいた。それは実体を持たない思い出の中の人であり、被験者の内のだいたい3分の1が何らかの反応を示したのである。

＊墓と仏壇の祀り方：先祖供養

昔から墓は遺骨の埋葬場所であると同時に、死者の霊魂の祭祀供養の場所という意味も持っていた。人が死んだ場合には一般的に葬儀という儀式を行うが、これは肉体を離れた死者の霊魂が死を自覚して、無事次の次元へ移行できるよう祈願するための儀式である。魂が抜けた肉体は亡骸となり、火葬されて墓に納められる。そしてそれ以降、この墓において霊魂を祀るのである。

ではこの墓と仏壇の違いは何だろうか。有名な歌にもあるように、そもそも墓には故人は眠っておらず、霊魂はそこにはいない。それが墓参りをして拝礼することで、その場所に霊が現れ拝むことができるようになる。仏壇は言ってしまえばその出張所に当たり、より頻繁に霊が出入りするための依り代のようなものだ。

我が国で仏壇が祀られるようになったのは、天武天皇14年（685年）とされている。

『日本書紀』には、天皇の詔《みことのり》により諸国の家ごとに仏舎利を作り、礼拝供養せよとの御触れが出された。以来、各家々は仏壇を設置し祀るようになった。

日々仏壇で供養と祈りを捧げ、お墓には春秋の彼岸とか命日などに祖霊や故人の冥福を祈る。そのように先祖供養を行うならば、祖霊が成仏した暁には子孫を加護してくれよう。

注意すべきは、仏壇に祀られているのは神様ではなく仏様だということだ。神様にお祈りしお願いをするのと同じように、私たちは仏壇の前でもご先祖にお願いをしてしまいがちだ。

また仏壇は長男のところにしかない、というのもよくある話だ。しかしこれも考えてみればおかしな話である。仏壇に祀られているのは自分の親であり、ご先祖であるのだから、その供養を人任せにしてはいけない。特別に立派なものである必要はないが、次男、三男であっても自分で仏壇を用意して、実際に自分の手を合わせて供養しなければならないのである。

さらに先祖供養について言えば、人間は土に還るものなのだから、そのお骨を骨壺に入れたままにするというのも本来は避けるべきことだ。ただ現代では墓の在り方も変化し、昔のように墓を開けた中の地面にお骨をまくことも少なくなってしまってきている。

第7章

なぜ心霊現象なのか？

①どう生きる？（プラス思考、言霊・善行を積む）

私は長く心霊について研究、検証を行ってきた。これは何も単なる興味本位から、というだけではない。

私たちは皆それぞれが先祖を持ち、そしてこの血はまた私たちの子孫へと受け継がれていく。しかしそれとは別に、私たちは輪廻転生の中での前世や来世を持つ。先祖の因縁か、自己のカルマか、この2つの流れの内、どちらがより現在の私たちに強く影響を与えるものなのか、これまで数多くの霊能力者が持論を述べてきたが、私はやはり前世、ないしは過去世のカルマのほうがより重要なのではないかと考えている。過去世で善い行いをすればそれが後の世のための貯金となるが、悪いことをしたり人を騙したりすればその報いを受けることになる。いつか必ず死ぬ私たちは、その後に訪れる来世のためにも今、善く生きなければならないのである。

「情けは人のためならず」という諺はまさにこれを示しているといえる。情けは人のためではなく、自分のためのものなのだということだ。また「自分の蒔いた種は、蒔いたとおりの花が咲く」とも言われる。よい種を蒔けばよい花が、悪い種を蒔けば悪い花が咲くのだ。結局、自分の生き方次第だというわけだが、こうした教訓めいた教えも、心霊の研究を続ける内に見えてきたことだ。心霊というものを恐れるだけでなく、その研究を通して人間のあるべき生き方を考えることができればいいと、私は考えている。

②魂の教育

科学技術の発達によって私たちは、便利さや快適さといった面でさまざまな恩恵を享受し、文化的な生活を送れるようになった。しかしそんな生活の豊かさは、果たして私たちの心まで満たしてくれただろうか。

アメリカの影響を強く受けた戦後の日本では、自由や平等、特に個人の自由といった価値観が広まった。しかしそれと同時に人間の利己的な欲望というものも増幅されたように思える。人々は「お金さえあれば」と考えるようになり、人間としてもっとも大事なことを見失ってしまったのだ。これこそが魂の喪失である。

現代の日本は、この魂の在り方についての教育をおろそかにしていると言わざるを得ない。有名な学校に行くためだけの受験勉強、そうした教育だけを受けて来た子どもたちは電車で高齢者に席を譲ることもない。利己的で、わがままで、〝自分さえ良ければ〟という自己中心的な人々の増加。それが現代の教育の結果である。

かつて日本人が持っていた魂の美徳、勇気や礼儀正しさ、さらには恥を知る心や辛抱強さといったものが、戦後どんどんと失われてきてしまった。アメリカ式の、「公共の福祉に反しない限り自由」という考え方の下、目上の人間に対する敬意すらも忘れてしまった今の日本人を見ると、これを痛感せずにはいられない。

結局、必要なのは「魂の教育」なのだ。そして「死んだらそれで終わり」ではないということを教えてくれる心霊の研究もまた、突き詰めていけばこの日本人が忘れてしまった魂の美徳を取り戻すための教育につながるのではないだろうか。物質的な豊かさや、刹那的な自己満足だけがすべてではないのだと気づくことが大事なのである。

③魂の向上には?(世のため、人のため)

人は前世の所業(カルマ)により、親を選択した上でこの世に魂の修行のために生まれてくるという。愛情に包まれた親のもとか、あるいは愛のない親のもとか。そして現世では因果応報の摂理にしたがって人生を送り、その所業からあの世へと逝き、さらに修行の旅を積むためにまた生まれてくる。

賢者は言う。この世は四苦八苦、艱難《かんなん》辛苦の人生でもあるが、すべては修行と心得たい。何の苦労もなく平々凡々とした人生では、魂の進化、向上が図れない。この世とは修行の場なのである。

因果の法則により、人は何度も輪廻転生を繰り返し、魂を磨きつつ、より進化向上して人格を高め、人間性を磨いて向上していく。それこそが今生かされている人生の目的だ。人生には苦しい試練もあり、甘い誘惑もあり、自分の思うとおりにはいかない。しかしそれでも、幸運や辛い試練に遭おうとも、世のため、人のため、奢《おご》らず、謙虚に、無償の愛で、すべてに感謝の心を持つならば、魂はより高い次元へと向上していくことだろう。すべての人々が高次元の魂になれば、人との争いも、戦争も起こらず、平和な世界が実現する。だが人類が目覚めるための道のりは長く遠い。

いまロシアは一方的にウクライナに侵攻して銃弾の雨を降らしている。私はこの戦火の悲惨な現状をテレビで見て、小学生のころおよそ80年前に都心に住んでいたので東京大空襲で逃げ惑った頃を思い出した。人の記憶は歳月により忘却の彼方に置き去りにされてしまうものだ。だからこそ歴史は繰り返すのだろう。しかし今この惨状を見て、何と愚かな魂の人間がいるものかと思わざるを得ない。

戦災の焼け跡から立ち上がった日本人は、経済的豊かさや物質を求めたあまり、人間として大切な心を見失った。自分さえ良ければ、という風潮がはびこり、今や「魂の喪失」という精神性の危機に陥っている。

現代社会に生きる私たちは、確かに科学技術の恩恵に浴して、便利さや快適さによる豊かな生活を享受してきた。だがそれでも満たされないものがあるとすれば、心の充足感ではないだろうか。

目を転ずれば、資本主義による貧富の格差、利権による犯罪、少子化問題、地球規模の自然破壊、それにいまだに命を軽視する戦争などが絶えない。これらは人類の不協和音が引き起こした現象だ。

これらの本質的原因は、取りも直さず「自分たちさえよければ」という利己心のなせるものであり、人類全体の調和や配慮を考えない「魂の未熟さ」の表れに他ならない。この現状が続けば、人類は自分の手で自分の首を絞め続けることになり、人類のみならず地球上のあらゆる生命の存続が危ぶまれることになるだろう。

明日が見えず先行きの不安と期待が交錯する現代にあって、私たちは「なぜ生きるのか、どう生きるのか」がわからず暗中模索している。

古代、日本では言葉には神秘的な霊力が宿っていて、発した言葉どおりの結果が現れると考えられていた。それは言霊《コトダマ》とよばれ、現代にも息づいているといわれる。

愚痴、不平不満、泣き言、人の悪口を言葉に出して言うと、自分の運勢がそのとおりになってしまうと考えられ、逆にいつも「ありがとう」「おかげさま」と明るく、感謝の言葉を発すれば、幸せの笑みが自然とこぼれ出る。

実はこうした日々の発言や考え方一つをとっても、自分の魂を向上させる上では重要な要素となり得る。以下に魂の進化、向上のために重要なことをまとめた。

- 素直な心（我を張らない・謙虚な気持ち）
- 感謝の心（先祖、人に対しての感謝）
- 優しい心（慈悲の心）
- 反省の心（人は過ちを犯すもの）
- 無償の愛（功徳、奉仕、徳を積む）

④シルバー・バーチの言葉

「語りかける霊がいかなる高級霊であっても、その語る内容に反発を感じ納得しない時は、かまわず拒絶するがよろしい。人間には自由意志が与えられており、自分の責任において自由な選択が許されています」

＊霊感商法に騙されないために

悪徳な霊感商法に騙されないためには、そういったインチキ霊能力者がどのような手口で人々を騙すのかを知っておくことが重要だ。以下に、代表的な騙しの言動とその特徴を挙げておく。

	騙しの言動	特徴
1	「あなたには悪霊が憑いている。早く除霊しないと霊の障りで大変なことになる」	高い祈祷料や供養料の強要。
2	「天の声・私は神だ」「私は仏だ」「罰（ばち）が当たった」	巨額の金品の要求。死者まで出したケースも。
3	「先祖が地獄に堕ちて苦しんでいるせいで、子孫に色々な悪いことが起こっている」	先祖の因縁を解消するには供養や祈祷が必要だとし、金品を強要。
4	「あなたの先祖の因縁や前世からのカルマに問題があるから悪いことが起きる」「あなたは立派な守護霊を付けなくてはいけません」「問題の解決には、特別な先祖供養やカルマ解消が必要だ」	金品の要求。寄付の強要。
5	「あなたは○歳で死ぬ」	人の死期を軽々しく口にする。
6	他人の秘密を漏らし、悪口を言う。	裏返せばあなたの悪口を人に吹聴する恐れがある。
7	「あなたには何か悪いことが起こるような運命がある」「このままだと、きっと家族の誰かが病気になる」	相手に不安を与えるような言動。常識外れの言動や品性の欠落。必要以上に華美な衣装を身にまとうなど。
8	「家族に病気が絶えないのは土地が悪い」	土地の因縁だと囁き、除霊、供養のための高額な料金を要求。

第8章

心霊現象の究明

①特異能力者の科学的究明

超心理学研究では、一般人より強いPSI現象（PSI：サイ。超感覚的知覚）を現す超能力者や霊能力者、霊媒を総称して特異能力者とよぶ。

○透視と霊視との違い

前述したように、霊視は能力者が肉眼を通して、脳のイメージに映じた霊姿や霊的な存在を見る。一方、透視は能力者が肉眼では見えない体内や密封容器内のモノや遠距離の事象を見ることを指す。いわば霊の介在があるか、ないかの違いである。以下にその違いをまとめた。

○霊視のパターン（霊が見えるという人たちの面接調査から）

（ア）霊能力者が肉眼（心眼）を通して対象となるものを霊的な力で直接見る。

（イ）眼を閉じても両眼上部（第3の目）辺りにある脳内のイメージスクリーンに映像として映る。

（ウ）霊界から伝えられる感覚的イメージを視覚化して見る。

○透視のパターン（超能力者の体験談から）

（ア）両眼上部（第3の目）辺りから対象物に感覚投入し、脳内のイメージスクリーンに現れたモノを見る。

（イ）意識を拡大させ超感覚的知覚（ＥＳＰ）で空間を見つめると、そこが開くようにビジョンが現れる。

（ウ）意識を体外離脱（ＯＯＢＥ）させ対象物を見る。

○透視実験

イギリスの透視能力者、キャロル・エバレットが一般女性の人体透視を行ったことがある。患部の透視検証およびヒーリング効果、体温変化および脳波測定を行うこの実験は、体温測定のため被験者は脱衣状態で東京電機大学工学部内の町好雄教授研究室にて行われた。実験の結果、透視者は女性の右卵巣、子宮に疾患があると指摘。これは医師の診断書と合致し、透視の正当性が検証された。

またサーモグラフィーでも被験者の患部に表面体温の上昇が記録された。さらに透視の際には能力者の右脳（イメージ、直観を司る部位）が優位に活動し、多くのα（アルファ）波を発していることが確認された。

○視覚メカニズム

一般にモノを見る場合と異なり、多くの霊視者の証言を探っていくと、目を閉ざしていても霊が見えるのだという。これは両眼上部の「第3の眼」とよばれる辺りから脳に直接働きかけ、メンタルスクリーンにイメージ映像を映し出しているためと考えられる。

○特異能力者における脳内活動の科学的測定

特異能力者が透視や霊視などの五感を超えた超感覚的知覚（ＥＳＰ）を誘発するとき、大脳の活動はどのような状態なのだろうか。科学的機器を駆使して特異能力者たちのさまざまな脳内測定実験を行った。

ここで用いた機器は近赤外線スペクトロスコープ（ＮＩＲＳ）というものだ。これは微弱な赤外線を頭部に照射して反射強度を測ることにより、血液中のヘモクロビンの増減を計測することができる。大脳内の血液量の変化を計測して、簡便にグラフ化や画像化して分析できるのである。

・実験場所：病院脳神経科検査室
・被験者：特異能力者5名（国内霊能力者3名・海外霊能力者2名）および憑依体質者2名

霊能力者Aは、前頭葉は直ちに低下状態となり、後頭葉は小刻みに変動している。本人に訊くと、イメージが次々に湧いた状態だという。

一方、霊能力者Bは、前頭葉が次第に低下の状態を表していき、「無」に近い何も考えない状態に至った。まさに「変性意識状態」にあると考えられる。

霊能力者は実験で目を閉ざしているので、後頭葉の視覚野は小刻みにグラフが低下している。それは視覚野がイメージとして次々に変化していることを表しており、このことは霊言とも一致している。

○特異能力者の透視実験

特異能力者Cのリーディング実験では、覚醒状態から目を閉じて腹式呼吸を行い、自らのメディテーションによって目の前にいる被験者（男）の人物透視をする。

特異能力者Cは、被験者（男性）を目の前にしてリーディングを行い、その際の脳内活動の変化を測定し観察した。

能力者Cの初対面の男性に対してのリーディングでは、「あなたは早くから父母を亡くした。したがって子どもの頃は大変淋しい思いをした。亡き父母はずっとあなたのことが心配で、いつも見守り続けている」と述べた。

リーディング終了後の男性の話によれば「まさしく幼い頃に母と父が他界したので淋しい思いをした。しかしそれ以降は順調に運に恵まれ東大を出て、一流企業に就職し、関連会社の社長まで昇格した。したがって目に見えないものに護られているという自覚があり、今は心霊研究を行っている」。まさにリーディングの指摘どおりなのであった。

能力者Cのリーディングにおける脳内活動をリアルタイムで測定し観察してみると、

前頭葉の動きから精神活動が次第に低下していることが読み取れる。やはり変性意識状態に入っている。

一方で後頭葉は前頭葉の動きとは逆に、視覚に関わるイメージが膨らんでいることが観察できる。この後頭葉でのイメージの動きは、能力者Ｃの証言と照らし合わせて観察すると、グラフが小刻みになって活動している状態が読み取れる。これはリーディングにおいてイメージ映像が後頭葉に映り、次々に読み取っていることを示している。

○実験の考察

(ア)写真を見た時の脳反応……一般者では特別の反応がなかったが、霊能力者は後頭葉の視覚野に著しい反応を示した。つまり、霊能力者は写真からでもある程度の情報を感知できる。

(イ)瞑想時の脳反応……心を研ぎ澄ませると雑念が収まり変性意識状態に入る。前頭前野の脳エネルギーは60～79％減少する半面、後頭葉は活性化してイメージが豊かになる。

（ウ）特異能力者の脳反応……瞑想したときのように前頭葉は小エネルギー状態となり、後頭葉の視覚野は活性化する。特異能力者はこのイメージの展開を読み取って霊査している。

（エ）瞑想時の反応……瞑想すると、心が研ぎ澄まされ無我状態になる。そのとき脳のエネルギーは省エネのアイドリング状態となり、創造力、発想力、直観やひらめきなどに目覚める。これを「デフォルトモード・ネットワーク」という。

静かに呼吸して瞑想や座禅、精神統一などをして雑念を払うことができると、前頭葉の血流量は作業中と比べてかなり低下する。しかし大脳全体を観察すると、盛んに活動していることがわかる。

瞑想時でなくとも、風呂でリラックスしている時や、朝のまどろみの時にも自然とこの状態になることがある。このとき、直観、第六感、ひらめきなどの源泉とつながるのである。

最近の脳科学の研究で、ひらめきに大切なのは「集中とリラックス」のバランスだということがわかってきた。脳はリラックスと集中の間でモードを切り替える際にもっともアイデアが生まれやすくなる。ひらめきは一瞬の出来事だが、それはリラックス時の脳は記憶をデフラグしていて、集中モードに戻ると同時に整理して必要な情報を記憶から一気に取り出しているからである。

②インスピレーションと能力開発法

インスピレーションとは「見る、聞く、嗅ぐ、味わう、触れる」という人間の五感を超えた「第六感」の一つで「霊感」とも解釈される。一般にインスピレーションといえば、芸術家や科学者などが瞬間的にひらめいて創造、発明、発見などのヒントを得るものだとか、超能力者や霊能力者の透視や予知、予言や霊感などの超感覚的知覚に関係する第六感と思われている。

誰にでも潜在的に、ひらめきを受ける感覚というものは秘められてはいる。普段それが感応しないのは感受性が低いか、目的意識をもって情熱的に取り組んでいないか、あるいは固定概念に囚われて自分の心を頑なに閉ざし、超常現象の世界などあるはずはないと言って、「霊感」など信じようともしない人たちであろう。

普段、私たちが認識することができる意識を「顕在意識」とよぶ。しかし通常、認識していない意識のほうが、無限の貯蔵庫のように潜在力が大きく秘められている。これを「潜在意識」とよぶ。

この顕在意識と潜在意識の中間にある、日常的な意識状態ではない意識が「変性意識状態」（トランス状態）だ。この状態になると意識レベルが低下して自意識の障壁が除かれる。さらに意識が低下すると従来は潜在意識に蓄積されていた、認識することができない深い意識、すなわち「無意識」に到達する。

無意識では思考が止まり、宇宙との一体感を覚える。自他ともに同化する「ワンネス」の感覚となり、私もあなたも違いがなく一体だという人生観を得る可能性がある。

精神分析で知られるカール・ユングによると、潜在意識からさらに抑圧されたものがとれて無意識の扉が開くと、外界からの宇宙意識である「インスピレーション」を感じやすくなるという。インスピレーションの源泉は、高次元から発信された神の啓示や天啓であり、覚醒するような導きが得られる。「サムシング・グレート」の生みの親、筑波大学の村上和雄名誉教授によれば、そこには「偉大な何ものか」が存在するという。いわゆる天とか宇宙、神仏など人智を超えた存在だ。

インスピレーションを「宇宙の真理」と語ったのは、20世紀最大の天才物理学者であるアインシュタインだ。中でも高次元のものは、宇宙創造主や、宇宙意識、宇宙神ともいわれており、人智を超えた目に見えない大きな存在を指す。さらに神仏霊、あるいは祖霊、指導霊などの霊妙なる霊魂も含まれるともいわれる。インスピレーションが発信する波動エネルギーにも高低のレベルがあり、それが各々の波動と同調して「ひらめき」を感受する。では、宇宙意識といわれている発信源からの波動をどのようにしてキャッチするのだろうか。

古代の人類が厳しい自然の中で生存していくためには、自然の猛威や天変地異の察知、猛獣から生命を守るための本能など、超感覚的知覚（ＥＳＰ）が自ずと鋭敏になる必要があった。この力は、生存本能として本来的に人間に備わっているものではないかと思われる。

結局、人間が生き抜くために、本能として第六感の鋭敏な感覚が研ぎ澄まされたのだろう。しかしながら文明の進歩にしたがって、人類は生存のための本能的感覚が鈍くなり、潜在意識に封じ込められてしまったのかもしれない。

とはいえ、現代社会でこそ先を見通す能力、すなわちインスピレーションや超感覚的知覚を感受する能力が望まれるはずだ。

アメリカのスタンフォード大学大学院は、「イマジリウム館」(創造館)というものを創設して能力開発を行っているらしい。それを聞いた私は、どのような装置でデザイン専攻の学生たちが勉強しているのかを調べるため、世界一広々とした大学のキャンバスを歩きながら「イマジリウム館」を訪ねた。

イマジリウムの原理を簡単に説明しよう。まず学生たちはタイヤのような円形な枕に頭を並べ天井を見上げる。するとその天井に、ある映像が映し出される。例えば、青海原から天に上った水蒸気が、やがて雲となり、雨となって森林に降り注ぎ、木々の梢から滴る水滴が地面に落ちて小川となり、次第に河から大海に流れて出ていく。この水の循環とか、梢に咲く花弁が果実(リンゴ)となる。そこからさらに、リンゴの組織や細胞の中に入っていくイメージ映像などがある。

要は、映像を見て各々が自分のイマジネーションをどんどん膨らませていくというものだ。大学院生に感想を聴くと、皆イメージが豊かに膨らむと口をそろえて言っていた。中にはインスピレーションが冴えるという院生さえいた。まさにイメージコントロールに役立っているユニークな授業だと私は実感した。

③霊能力者についての考察と開発法

○霊能力と能力者

日本では霊能力というものは、現在でもアカデミックな分野では認知されていない。懐疑派の医学者の見解では、霊能力というのは心因的感情障害や、神経症あるいは統合失調症の症状である幻聴、幻覚、妄想と類似した脳器質の疾患だという。しかしこれはあまりに実態を理解していないといえる。今も大学では偏見を持たれており研究さえも行われていないのが実情である。

そもそも霊感、霊能、霊媒とはなんだろうか。『広辞苑』第６版（平成20年版）によれば、

（ア）霊感……①神仏の霊妙な感応。また、神仏が乗り移ったような不思議なはたらきをもつ感じ。おつげ。②（inspiration）人間の霊の微妙な作用による感応。心にぴんとくる不思議な感じ。

（イ）霊能……とは、日常の世界と神霊の世界とを結びつける資質を持った宗教的

職能者。預言者・シャーマン・霊媒など。

（ウ）霊媒……（medium）神霊や死者の霊と意思を通じ得る媒介者。巫女・神女・口寄せの類。

との記載がある。そこで今度は、霊感者と霊能力者と霊媒者の違いについて考えてみたい。以下は私なりの解釈になる。

（ア）霊感者……神仏の霊や死者の霊の気配を受動的に感じる人。ただ霊が視える、感じる、声らしきものが聞こえることがあっても、霊的な意味合いは解釈できない。

（イ）霊能力者……自発的に霊的能力を使い、その意味合いを解釈することができる職能者。霊能力は神仏から授けられるものだといわれる。その能力は霊視、霊聴、霊言や除霊、浄霊、心霊治療などさまざまだ。現在、国内の霊能力者の実態数は掴み難い。職能者ではないが、神官、巫女、僧侶、祈祷師、修験者、易占師などで霊能力を有する者も存在している。

（ウ）霊媒者……精神を統一して意識集中を図り、自己の霊魂を体外へずらし、同時に感応した霊魂を一時的に体の内外に憑依させることができる人。霊聴、霊言など、霊との媒介的役割を果たす。審神者《さにわ》の立ち会い指導と合わせて交霊することが望ましい。

○心霊的能力とは？

心霊的能力を「精神的心霊能力」「物理的心霊能力」「心霊的治療」と3つに分けると、以下のようになる。

（ア）「精神的心霊能力」とは、主観でのみ知覚できるもの。霊視、透視、霊聴、霊言、異言、精神感応、心霊鑑定、遠隔透視、人体透視、前世透視、テレパシー、オーラ、予知予言、幽体離脱、霊界交信など。

（イ）「物理的心霊能力」とは、客観的に誰でも知覚でもって確認が可能なもの。自動書記、自動書画、自動演奏、物質化現象、霊動、物品移動、心霊写真、念写。

（ウ）「心霊的治療」とは、霊的原因による病気を霊的能力により治療するもの。心霊治療、遠隔治療、心霊手術、ヒーリング、除霊、浄霊など。

○霊能力者のタイプとは？

（ア）託宣型　神に祈ってその意思を受け、神意をお告げとして知らせる。

（イ）背後型　背後霊との道筋をつけ、その背後の霊力により教導する。

（ウ）祓い型　未浄化霊を除霊、浄霊し霊界に送り、罪、穢《けが》れを取り除く。

（エ）霊媒型　霊を自らの体に憑依させ霊言を伝え、霊界と交信を行う。

（オ）チャネリング型　瞑想状態により他のエネルギーを入れ、予知・予言を行う。

（カ）心霊治療型　治療霊の働きによりヒーリングを行い、心身疾患を治療する。

（キ）物理霊媒型　霊媒者を媒介にして、さまざまな物理的現象を引き起こす。

（ク）前世療法型　前世や過去世を視て、カルマによる心身疾患の治癒を行う。

○霊能力者の資質

霊能力は神霊、仏霊から授かるものだ。これを持つ人間は神界、霊界との仲介者であり、英語でも霊能力者を媒介の意味でミーディアム（ｍｅｄｉｕｍ）という。

次の３つの条件が整っている人が霊能力者として望ましいと、私は思っている。

①人品……人格、品性、謙虚（道徳的で良識ある人）
②能力……優れた能力と知識（適切な力量、言動に矛盾がない人）
③使命……博愛精神（偽善でなく奉仕精神のある人）

「容貌は心境の鏡」と言われるが、まさに高い心境の人は人格円満で優しさが容貌に現れているものといえよう。

○霊能力の発現の仕方は次のようにまとめられる。

（Ⅰ）先天的能力（修行せずに生得的に備わった能力）

（A）生得的体質

①遺伝的発現……遺伝により、生まれながらにして能力を授かっているケース。父母、祖父母、叔父や叔母など家系に霊的能力の素質を有する者がいることが多い。

②宿命的発現……家系には霊的能力者は見当たらないが、前世からのカルマによって生まれつきその能力が備わり、生得的に幼少期から発現するケース。先天的に豊かな霊能力の素質に恵まれている人は、霊能力養成で速く能力が開眼するが、反面、低級霊との同調の危険性も忘れてはならない。

（Ⅱ）後天的能力（生まれてから特異体験または開発により備わった能力）

（B）特異体験

③運命的発現……極度の貧困や重篤の病に罹るなど、過酷な運命に翻弄された結果、突如として神霊の啓示、仏霊の霊示、霊導などを通して能力を授かるケース。辛酸な茨の人生を歩み、民間宗教の教祖となることもある。

④奇跡的発現……重篤な病気や事故災難で一時的に死に直面する状態となり、意識の喪失や臨死体験によって、体験時に光とか神仏霊に遭遇してから特異能力が覚醒するケース。特に臨死体験により不思議なモノと遭遇するとか、神仏が夢枕に立つとか身体全体が光のシャワーを浴びるなどで、特異能力が授かるケース。その体験以降、人生観、世界観に影響を及ぼし、霊性心に目覚めて奉仕活動を行ったりヒーラーになったりする人が目立つ。

⑤神秘的発現……死に瀕したわけではないが、夢見時または覚醒時に突如として光り輝くモノが体内に放射されたり、神仏が夢枕に顕現したり、宇宙神とのミッションを帯びた体験など、いわゆる神秘体験により特異能力に目覚めるケース。ＮＡＳＡのミッチェル元飛行士は宇宙霊魂（意識）という存在を

示唆している。神秘体験が人生の転機となり、聖職者になる人もいる。

（C）霊能的開発（修行とか霊能力養成、開発により獲得した能力）

⑥修行的発現……古来の神道の鎮魂帰神法や、仏教における密教系の加持祈祷の行法などの修行により霊能力を得るケース。禊、祓いや行者の難行苦行の荒行などにより、精神集中を図りトランス状態において内的意識を高め、惟神の道の実践者として神人合一の境地より顕現する方法が取られる。神道系の行者や真言密教系や日蓮宗の僧侶などには、予言、透視、治病法などを行っている人がいる。東北地方のイタコ、カミサン、オガミヤや、西南諸島のユタ、カンカカリャなどの人たちは指導者の下で伝統的修行により霊動し神憑りとなり、女性の霊媒者（シャーマン）となるケースがある。

⑦霊能養成的発現……東洋的行法である瞑想によって目覚めるケース。座禅、精神統一やヨーガ、座法や呼吸法により内的意識に集中し潜在意識を高める。一種のトランス状態から無意識（ユングのいう共通の無意識）の修得に至り、

脳内の自律神経系の作用によって神霊、心霊の高い背後霊との道筋をつけると能力が発現するといわれる。

⑧能力開発的発現……特異能力は本来、人は誰にでも潜在的に備わっているという。そこで生理学的手法により東洋的行法をミックスした潜在能力開発の技法が、主として欧米で行われている。

ここで、能力開発的発現についてより詳しく掘り下げてみたい。

例えば、「イメージトレーニング法」は、一種の自己暗示法により自律神経系を制御して、潜在意識の束縛から自身を解放して意識の拡大を図るトレーニングだ。直観力や透視能力を開発するメソッドが体系づけられ、組織的に修得するためのスクールが開校されている。

そのほか、「第三の眼」といわれるチャクラを開いて過去、現在、未来を透視する能力開発法や、潜在意識のブロックを外して葛藤を手放し、「アカシックレコード」という人類の歴史を含めたあらゆる情報が蓄積されている記録にアクセスする方法がある。また睡眠時の無意識に似た状態を利用し、神智学でいう霊的領域の層の記録に

- （Ⅰ）先天的能力
  - （A）生得的体質
    - ①遺伝的発現
    - ②宿命的発現
- （Ⅱ）後天的能力
  - （B）特異的体験
    - ③運命的発現
    - ④奇跡的発現
    - ⑤神秘的発現
  - （C）能力的開発
    - ⑥修行的発現
    - ⑦霊能養成的発現
    - ⑧能力開発的発現

アクセスする方法、「リーディング」とよばれるエドガー・ケーシーが行った催眠状態による透視法、さらには「チャネリング」という瞑想状態になって高次の存在（神、霊、宇宙人など）やほかのエネルギーを取り入れて特別な能力を発揮する方法など、能力開発も多彩である。これらもやはり能力開発のメソッドが体系づけられ、教本にしたがって段階的にインストラクターがティーチングしている。

　これらの共通の要素は、呼吸法、弛緩法、瞑想法、自律訓練法、イメージトレーニングなどの手法が使われていることだ。潜在的能力の束縛からマイナスのブロックを取り除いて、気の流れが良くなる訓練を繰り返して行えば、誰でも勘が鋭くなり、直観や第六感、インスピレーション、透視、特異能力までもが獲得可能であるとされる。

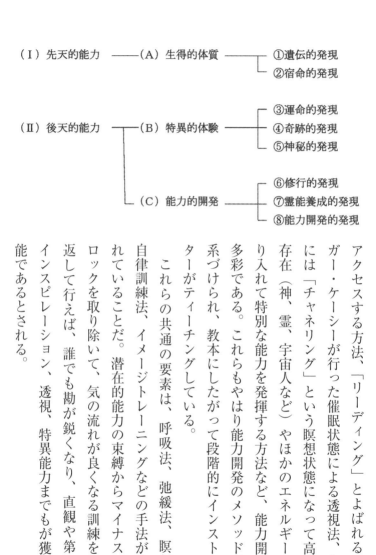

○霊能力発現の開発法とは

霊能力の開発法にはさまざまなものがあるが、各々の発現法のメカニズムについて考えてみると、前述したように共通の手法が取り入れられている。どうやらいかに変性意識状態から無意識状態に近づけられるかが重要なようだ。以下ではこの共通点についてまとめた。

①座法……座り方は主に座禅やヨーガのような静座法が一般的であるが、椅子に腰かける場合もある。仰臥法もこれに含まれる。

②呼吸法……呼吸にも色々あるが、もっとも自然に行える呼吸法は静的統一法とよばれている。ほかにも腹式呼吸法や丹田呼吸法、神道では伊吹の呼吸法、ヨーガのプラーナヤマなどの意識的な呼吸法などもある。呼吸を整えることによって心を静め、血液の循環が盛んになると、心身ともに爽快になりリラックスしてくる。驚いたときや怒ったときなどは呼吸が乱れ、脈拍が乱れ、思考が乱れ、正しい判断ができなくなることを考えても、呼吸の重要性がわ

かる。

③弛緩法……リラクゼーションともいい、自己暗示法により緊張を解きリラックス状態となる方法を指す。リラックスして心身の緊張をほぐし、自分の意思ではコントロールできない自律神経系の働きを抑制する訓練を行うと、精神状態が安定してくる。

④瞑想法……メディテーションともいい、座禅では半眼、統一法では閉眼で行う。誘導瞑想などさまざまな方法があるが、瞑想時に脳の電気的活動を測るEEG（脳波電位記録器）で記録すると、α波が多く検出され、イメージや想像力を司る右脳の働きが優位となっていることがわかる。さらに意識が内的に深まると、変性意識状態（トランス状態ともいう）となり、益々無意識へと深化していく。無意識的な抑圧から潜在化した、いわゆる恐怖、嫌悪、心の葛藤など、ブロックされていたものが解放されると、気の流れも良くなってくる。

⑤イメージ法……脳内にイメージを描く方法。メンタルスクリーンに自然にイメージを浮かばせる訓練から始め、意識を集中させて、意図的に植物、動物、

人物、場所などに感覚投入してメンタルスクリーンへの投影訓練を行う。最終的にはそのイメージが透視能力として発現し強化される。

④「日本サイ科学会」とは?

「日本サイ科学会」は、未知のベールに包まれた超常現象などの不思議な世界の解明を目指して研究している組織だ。

透視、テレパシー、念力、予知予言という超能力の世界から霊視、霊聴、霊言、霊媒、霊魂という心霊の世界まで、兎に角、胡散臭く思われがちだが、これらの現象は現実に起きている。さらに宇宙生命からスピリチュアルの分野まで、今も神秘のベールに覆われて、未だ科学的に証明されたものは、わずか5%ほどに過ぎない。

1976年に「日本PSI学会」との名称で故・関英男博士（元東京工業大学教授）が設立され、「日本サイ科学会」と改称、日本最大の研究機関だ。これまで好奇心ある研究者たちが「未知の世界」の解明を目指し、その成果は人類の福祉に貢献することを目的にしている。

超常現象などの謎、神秘、不思議な世界に興味を抱く好奇心旺盛な方など大歓迎！老若男女、学歴、年齢を問わず、未知な世界に興味のある人なら誰でも会員になれる。

「未病や心理療法・ヒーリング・脳と心の科学・未知エネルギー・地震予知とか、宇宙生命・スピリチュアル・創造性開発・占星術と運勢・瞑想など」各々の講演やワークショップなどで、場所は東京都北区王子「北とぴあ」にて毎月開催している。

あとがき

宇宙は誕生以来、進化を続けている。その過程で万物は生と死の繰り返しをしている。夜空に輝く星々も地球から生まれた私たちも同じ運命を辿る。人類のみならず、動植物までも、否、ミクロの微生物からマクロの大宇宙の星々まで「生あるものは必ず死ぬ」運命にある。

「死とはすべてを無に帰するものでしょうか」あるいは「死後も意識は存続し、生まれ変わるものでしょうか」

この命題は太古から人類の究極的課題でもあった。有史以来、哲学や宗教により各々論じられてきたが、19世紀半ばになり、心霊世界の探求は欧米のノーベル賞級の学者たちによって行われてきた。しかし霊魂という存在を証明するには、甚だ非科学的だとする風潮が今日まで根強く存在して、残念ながら世情一般には認知されていません。

それは、科学的な方法論で証明するには、例えば、霊魂というものが、いつ、どこで、何回同じ実験を行っても同じ結果が得られなければならない、さらに科学的器機で観測して、そのデータを数値化しなければ科学的証明としては認められない、したがって、再現性の問題の他に、精確なな科学的器機など未だ存在しないので、科学的に証明することは無理である。

現在でも内外の学者たちや著名人たちが、死後の世界の探求により「臨死体験」などの報告はあるが、脳科学者の多くは「心は脳にあり」、脳が死ねば意識はなくなり、「死は無になる」という考え方が主流となっている。

我々は目に見えるものは信じるが、目に見えないものは、なかなか信じ難い傾向がある。

例えば、私たちがいる地球自体は、猛スピードで宇宙空間を飛行しているにもかかわらず、実感として感じられず、信じ難いことでもある。

ところが宇宙的な視野で見れば、私たちは地球上で生活しているが、その地球は一日24時間、1万7000キロのスピードで自転している。そして太陽の周りを8万7000キロで公転し、さらには銀河系を85万9000キロの猛スピードで回っているのだが、ほとんどの人は猛スピードで回転している地球上で生活しているとは、通常気づかない。宇宙的視野で考えるならば、これこそは真実なのだが。

私たちは縦・横・高さの3つの方向性を持つ3次元世界に住んで、それに時間を加えて4次元世界に存在しています。この大宇宙は3次元世界からは目に見えない隣り合わせには、「確かに多次元世界が存在する」と提唱するのは、アメリカの理論物理学者、リサ・ランドール博士です。

彼女はハーバード大学、プリンストン大学、マサチューセッツ工科大学の各教授であり、終身在籍権まで獲得している才媛です。特に彼女が得意とする研究の分野は最先端の「超ひも理論」というものです。

私たちの存在する宇宙空間が、多次元の宇宙と隣接しており、消滅したり、現れたりする素粒子は、別の宇宙空間と行き来しているらしいとすることで説明できるそうです。

つまり、近くにあるにもかかわらず、うまくベールに隠されているので、大きくても見ることができないというわけで、次元が高く上がっていくほど、すべて波動という周波数で決まるそうです。

私たちは「何のためにこの世に生まれ、なぜ死んで行かねばならないのでしょうか」

実は命は自分の力で生きていると思いがちですが、目には見えないあらゆるエネルギーによって私たちは生かされているのです。

言い換えれば、人知を超えた生命の根源的な力により、私たちは生かされているのです。

先祖からの遺伝子の働きを受け継ぎ、地球からの水や食物や酸素などの恵みを得て、さらには宇宙からの光や素粒子やエネルギー（波動）などにより生かされています。

生命の命題を解く鍵こそ、「魂」にあるのです。

人間は「肉体」と「脳の働き」と心を司る「魂」からなり、その「魂」こそが、人間の本体なのです。この「魂」の探求こそが心霊研究によって解く鍵になるのです。

誰にでもこの世での大切なお役がある。そのために何度も生と死を繰り返す輪廻転生をして「魂の進化向上」を図るのです。そして子孫への余慶のため、自分自身のカルマのため、因果の摂理を心得て、いま〝霊性心に目覚め〟に気づいて欲しいのです。

魂の進化向上においても、精神的なレベルの次元上昇によってバイブレーションの波動が上昇していき、宇宙の波動と同調して宇宙意識とつながり、悟りの境地に近づくことでしょう。

よく意識レベルが高い人、低い人という言い方をすることがあります。意識は波動であり、エネルギーでもありますから、意識の波動のエネルギーの高い人は「神仏」に目覚め、低い波動の人は低級霊と同調しやすくなります。

２０２５年は大変革の年になるでしょう。人間の自分勝手な振る舞いにより、天からの戒めに遭い、価値観の変化から人の心は二極化されます。

〝世のため、人のため〟にと徳を積む人と、自己中心的な人とに分かれます。いわば魂を磨く人と、怠惰な人に分かれるでしょう。

「いまどう生きるのか？」……この世は〝魂を磨く〟修行の場なのです。

この世で辛い試練に遭っても、感謝と無償の愛をもって〝魂の向上〟に努めれば、来世では必ず良い運命へと導かれていきます。魂の進化向上に目覚めたいものです。

「目は心の鏡」という故事がありますが、まさに目はその人の心境を映し出す鏡のようなものと言われています。曇りのない澄んだ目で、世のため、人のためにまず実践あるのみ、「魂の進化向上」が図られますように、「幸、不幸」はあなたの心次第ですから。

まずは、真人生を求められますよう心から願っています。

本書刊行にあたって、ご尽力を頂いた出版社の蟹江幹彦様、渡辺レイ子様、それにアドバイスを頂いた唐澤康弘様にはそれぞれ大変お世話になりました。厚く御礼申し上げます。

「あなたは信じますか？」

　心霊番組プロデューサーが見てきた本物の霊現象

令和５年８月25日　初版発行

著　者　　小林信正
発行人　　蟹江幹彦
発行所　　株式会社　青林堂
　　　　　〒150-0002　東京都渋谷区渋谷 3-7-6
　　　　　電話　03-5468-7769
装　幀　　アニー
印刷所　　中央精版印刷株式会社

Printed in Japan

ISBN978-4-7926-0748-7